CONSCIENTES DE LA PRESENCIA DE DIOS

Oscar Tacuba

BARKER & JULES

BARKER ❸ JULES

CONSCIENTES DE LA PRESENCIA DE DIOS |
Experiméntala y cambiará tu vida para siempre

Edición: BARKER AND JULES™
Diseño de Portada: Juan Josè Hernández Lázaro | Barker & Jules Books™
Diseño de Interiores: Juan Josè Hernández Lázaro | Barker & Jules Books™

Primera edición - 2020

© 2020, Oscar Tacuba

I.S.B.N. | 978-1-64789-047-6
I.S.B.N. ebook | 978-1-64789-048-3

BARKER & JULES, LLC
2248 Meridian Blvd. Ste. H, Minden, NV 89423
morlisbooks.com
barkerandjules.com

ÍNDICE

Capítulo 7

HOMBRES QUE EXPERIMENTARON LA PRESENCIA DE DIOS

Cuando pases por las aguas, yo estaré contigo; y si por los ríos, no te anegarán. Cuando pases por el fuego, no te quemarás, ni la llama arderá en ti.

Isaías 43:2

AGRADECIMIENTOS

Primeramente, agradezco a Dios quien me creó y me salvó por su don inefable. Por haber perdonado todos mis pecados y por salvarme de la condenación del infierno. Gracias mi Dios.

Agradezco a mi amada esposa, Norma, y a nuestras dos hijas Belén y Joyce. Gracias, porque ustedes saben bien quién soy y cómo soy, aun así, me aman y han estado conmigo en las buenas y en las malas. Muchas gracias por amarme así.

Agradezco a mis padres, porque Dios los usó para darme la vida. Especialmente a mi madre, gracias por tus oraciones y amor incondicional. A mis hermanos, agradezco siempre su apoyo y es mi deseo que encuentren la salvación en Dios y que alcancen la vida eterna.

Gracias a los pastores y amigos. A los pastores: Franklin García, Oscar Merlo, Rolando Barahona, Fausto Flucker, Gerson Hernández, Enoc Paredes. Gracias por toda su ayuda, consejos, apoyo y sobre todo por su amistad. Sin duda han bendecido mi vida significativamente. Mi oración es que Dios les recompense grandemente su generosidad.

Gracias también a Calvary Chapel Lakewood, congregación que Dios me ha dado el privilegio de pastorear por dos años.

Les agradezco su generosidad, amor y paciencia. Dios los bendiga y les multiplique en gran manera. A Calvary Chapel Refugio en (Huntington Beach) y Calvary Chapel Pomona Gardens y su pastor Fausto Flucker por darme la oportunidad de compartir con ellos. Han bendecido mi vida, gracias. Mi agradecimiento también es para todas aquellas personas que me ayudaron a llegar hasta aquí. Son muchos los pastores, hermanos, amigos, vecinos, conocidos y aun personas desconocidas que, de una manera u otra, han bendecido mi vida de manera muy especial. Para no omitir ningún nombre quiero agradecer en general a todos ustedes. A los que elevaron una oración a Dios a nuestro favor, a los que nos visitaron, a los que nos dieron una llamada, palabras de aliento, una ofrenda financiera, un saludo, un buen deseo. De todo corazón, muchas gracias. Dios bendecirá y multiplicará en gran manera su generosidad. Dios bendice al dador alegre, en verdad lo hace, él no se queda con nada.

Por último, quiero agradecer a todo el equipo de Morlis Books. Gracias por todo su arduo trabajo en este proyecto. Dios los bendiga en gran manera.

INTRODUCCIÓN

El hombre es un ser pensante, desde que nace tiene esa capacidad y habilidad. Desde muy temprano en la vida empieza a descubrir cosas nuevas, en cada etapa de su desarrollo va descubriendo y aprendiendo. Una de esas tantas cosas que hemos descubierto y aprendido es que en este mundo hay dolor y sufrimiento. Unos lo han experimentado desde muy temprano, en sus vidas, otros más tarde. Y nos preguntamos por qué tenemos que sufrir. Hay momentos de alegría, de dicha y felicidad y no quisiéramos que terminaran nunca. Sabemos que eso no es posible, tarde o temprano volvemos a la realidad, al mundo donde el sufrimiento es inevitable. No podemos poner a nuestros hijos o seres queridos, ni siquiera a nosotros mismos, en una burbuja donde nadie nos pueda hacer daño y donde no tengamos que experimentar el dolor.

Como seres pensantes razonamos, hacemos preguntas y buscamos respuestas. Queremos saber el porqué de todas las cosas. Hay preguntas que podemos contestar fácilmente, sin demora y sin ninguna dificultad. Pero también hay otras que son más difíciles de responder y nos tomará más tiempo encontrar una respuesta que satisfaga nuestra curiosidad. Una de esas preguntas difíciles que alguna vez nos hemos hecho es: ¿Por qué tienen que ser así? ¿Por qué tenemos que sufrir? ¿Por qué no podemos vivir sin dolor? ¿Por qué tenemos que enfermarnos? ¿Por qué tenemos que morir?

¿Por qué, por qué y por qué...? y con ellas podemos llenar páginas enteras.

Estoy por cumplir 42 años de edad, a los 38 fui diagnosticado con cáncer (Non Hodgkin's Follicular Lymphoma en etapa 3, grado 4) de una manera súbita. Digo súbita porque, al igual que tú y como muchos, cada uno de nosotros siempre esperamos que nos pase lo mejor, no lo peor. Esperamos que nos vaya bien, no mal. Aun cuando sabemos que existe el mal, pensamos que le pasará a alguien más, pero no a nosotros. Pero ¿qué sucedería si me pasara a mí? ¿Qué pasaría si mi nombre salió seleccionado para pasar por el sufrimiento, por el dolor? ¿Cuál sería mi reacción? ¿Cómo asimilaría eso? ¿Cómo afectaría esto mi vida? ¿Me enojaría con la vida, con los demás o con Dios? Y le preguntaría: ¿por qué me pasa esto a mí? El pastor Greg Laurie dijo: "Dios ha tenido un solo hijo sin pecado (Jesucristo), pero Dios nunca ha tenido un solo hijo sin sufrimiento". ¿Te has puesto a pensar en esto? No hay una sola persona en el mundo que no haya sufrido. Unos más, otros menos, pero todos y cada uno de nosotros hemos sufrido. La pregunta sigue en el aire: ¿Por qué?

Qué pensarías si te digo que he descubierto la respuesta a esta y muchas preguntas como estas. Mejor aún, qué pensarías si te digo dónde y cómo descubrí la respuesta. ¿Estás listo? Pues bien, las respuestas a preguntas tan importantes y esenciales para la vida del hombre se encuentran en la Biblia, la Palabra de Dios. ¿Estás sorprendido? Tal vez sí, tal vez no, pero te invito a que lo consideres. La Biblia es el libro más maravilloso que jamás se haya escrito. Contiene una sabiduría superior a la que estamos acostumbrados. Va más allá del plano material y nos transporta a lo espiritual. No solo contiene historias del pasado, en ella se encuentra revelada la verdad que todos buscamos. Martin Lutero dijo: "La Biblia no es antigua, tampoco es moderna; la Biblia es la Palabra de Dios, por lo tanto, es eterna". Esto es algo que tienes que descubrir por ti mismo. Recuerda: somos seres pensantes, aprendemos y descubrimos. Descubrir es fascinante y aprender nos hace crecer, deseo que crezcas.

En el primer capítulo de este libro compartiré contigo mi experiencia personal de cómo Dios me ha ayudado a enfrentar las dificultades por las cuales he tenido que pasar junto con mi familia. Esto es algo que he aprendido: la actitud que tengamos ante los sufrimientos que enfrentamos afectará para bien o para mal nuestras vidas. Barbara Johnson dijo: "El dolor es inevitable, pero el sentirse miserable es opcional". Así es, es una decisión la que puede hacer la diferencia ante lo que estás pasando y esa decisión es tuya y de nadie más. No encontrarás aquí el secreto o el remedio para curar el cáncer (puedes buscar otros libros que hablen de eso, si es lo que deseas). Lo que sí encontrarás aquí, y lo que quiero compartir contigo, es el secreto para vivir una vida plena, llena de gozo, paz y satisfacción, aun a pesar del cáncer o de cualquier otra adversidad por la cual pudieras estar pasando. ¿Es eso posible? ¡Por supuesto que sí! Te compartiré el secreto para vivir libre del temor.

En el segundo capítulo, hablaré de cómo Dios se revela ante nosotros. Cuáles son los medios que él ha usado y sobre todo con qué propósito lo hace. Conoceremos que el propósito por el cual Dios se nos revela es para que podamos descubrir nuestro propósito. Una vez que lo hayamos descubierto, comprenderemos que todo en la vida tiene sentido, aun las cosas malas y negativas que enfrentamos.

En el tercer capítulo, discutiremos algunas de las evidencias que demuestran la existencia de Dios. Ya que soy una persona de fe y hablo desde mi perspectiva, también entiendo que no todos creen y que hay muchos que aún se preguntan si en verdad existe Dios y, si existe ¿en dónde está?, ¿cómo es él?, ¿por qué no lo podemos ver?, etc. Consideraremos qué relación existe entre la ciencia y Dios, la filosofía y la fe y, sobre todo, ¿cuál es la razón por la cual se niega a Dios? ¿Por qué hay tanta polémica en torno al tema de Dios?

En el cuarto capítulo, descubriremos muchas verdades que nos ayudarán a comprender la razón de que exista el sufrimiento en la tierra. Cómo y porqué el mundo llegó a ser lo que ahora es. Cómo, cuándo y por qué el hombre fue expulsado de la presencia de Dios. Compartiré contigo siete verdades que he descubierto sobre el pecado y cuáles son sus efectos y consecuencias.

En el quinto capítulo, después de considerar lo explicado en el anterior, hablaré de la esperanza que tenemos y cómo podemos regresar a la presencia de Dios, de la cual fuimos expulsados. ¿Acaso es posible regresar a la presencia de Dios? ¿Será que podemos tener una relación estrecha e íntima con él? Veremos que eso es posible solo a través del sacrificio perfecto.

En el sexto capítulo, hablaré de una esperanza mayor. Digo mayor porque una esperanza es la que tenemos aquí en la Tierra, pero otra es la esperanza de saber que un día todo esto terminará. Y que iremos a un lugar como el que siempre hemos soñado, el paraíso. Entenderás que el paraíso no es una ilusión sino será una realidad palpable. Pero tenemos que esperar hasta que ese día llegue, podemos estar seguros que llegará.

En el séptimo y último capítulo, te presento algunos ejemplos de hombres que experimentaron la presencia de Dios en sus vidas. Sus experiencias y testimonios quedaron registrados, para que nosotros pudiéramos también seguir su ejemplo y tener la misma esperanza y confianza que ellos tuvieron. Como dije: no somos los únicos ni los primeros que sufrimos. Aunque los tiempos y las circunstancias en que vivimos han cambiado, sin embargo, Dios no. La fe y las convicciones que ellos tenían tú también las puedes tener para enfrentar lo que sea. La carta a los Hebreos 11:32-40, dice:

³² ¿Y qué más digo? Porque el tiempo me faltaría contando de Gedeón, de Barac, de Sansón, de Jefté, de David, así como de Samuel y de los profetas;

³³ que por fe conquistaron reinos, hicieron justicia, alcanzaron promesas, taparon bocas de leones,

³⁴ apagaron fuegos impetuosos, evitaron filos de espada, sacaron fuerzas de debilidad, se hicieron fuertes en batallas, pusieron en fuga ejércitos extranjeros.

³⁵ Las mujeres recibieron sus muertos mediante resurrección; mas otros fueron atormentados, no aceptando el rescate, a fin de obtener mejor resurrección.

36 Otros experimentaron vituperios y azotes, y a más de esto prisiones y cárceles.

³⁷ Fueron apedreados, aserrados, puestos a prueba,

muertos a filo de espada; anduvieron de acá para allá cubiertos de pieles de ovejas y de cabras, pobres, angustiados, maltratados;

[38] de los cuales el mundo no era digno; errando por los desiertos, por los montes, por las cuevas y por las cavernas de la tierra.

[39] Y todos estos, aunque alcanzaron buen testimonio mediante la fe, no recibieron lo prometido;

[40] proveyendo Dios alguna cosa mejor para nosotros, para que no fuesen ellos perfeccionados aparte de nosotros.

Es fascinante oír hablar de la vida de Moisés, de José, de David o de cualquier otro personaje bíblico y escuchar sus hazañas. Pero ¿sabías que tú también puedes escribir tu historia así como la de ellos?, ¿y que será contada mucho después de que ya no estés aquí? Tú también puedes pasar a la historia como un hombre o una mujer de fe.

Amigo o amiga, hermano o hermana, es fascinante ver en escena la vida de un hombre o una mujer de fe y valor, como lo que acabas de leer. Cada uno de ellos fueron hombres y mujeres como tú y como yo, de carne y hueso, débiles y tan humanos como nosotros. Ellos no eran héroes de ficción como los que vemos en pantalla. Fueron héroes de la vida real y tú también puedes serlo. ¿Qué es lo que hizo la diferencia entonces? Te diré cuál fue su secreto, su secreto fue su Fe, eran hombres y mujeres de convicciones. Tú y yo podemos ser iguales que ellos, inquebrantables en nuestras convicciones. Por eso es importante saber qué creemos y a quién le creemos. Como dije, el mundo en que vivimos está lleno de sufrimiento y maldad, pero tú y yo podemos hacer la diferencia, podemos escoger el bien antes que el mal. Podemos escoger creer en Dios antes que negarlo. Entonces serás un hombre o una mujer de Dios. En verdad te digo, a pesar de todo lo que he vivido y sufrido, vivo en paz y libre del temor. No porque sea muy valiente, sino porque sé quién está conmigo, sé quién está de mi lado. Y tú ¿sabes quién está de tu lado? Puedes pasar hoy mismo del temor, a la seguridad; de la incredulidad, a la fe y esperanza si tan solo pones tu fe y confianza en Dios. Pero no en el dios que es invento y creación de los hombres, sino en el verdadero y único creador de todas las cosas, el Dios de la Biblia, el Dios de Israel.

Es mi deseo que Dios te bendiga y te use para su gloria. Que de alguna manera él pueda emplear este escrito para cumplir sus propósitos en ti.

Oscar Tacuba, enero del 2020.

Capítulo 1

MI EXPERIENCIA PERSONAL CON DIOS
¿Cómo y cuando conocí a Dios?, y la seguridad que tengo en él

Pon tu fe en Dios y te aseguro que verás
milagros y maravillas suceder ante tus ojos.

La presencia de Dios es poderosa, lo cambia todo. Las tinieblas resplandecen con su luz, la confusión es cambiada por su paz, la incertidumbre es remplazada por seguridad, el desierto se convierte en manantiales de aguas. Ante la presencia de Dios tiembla la tierra, se derriten los montes, los ríos se secan, el mar se abre, los enfermos se sanan, resucitan los muertos, etc., etc. No hay nada que no pueda suceder ante la presencia de Dios. No hay cosa grande ni pequeña, porque no hay imposibles para Dios. Pero ¿qué es la presencia de Dios? Es Dios en persona, estando aquí con nosotros y en nosotros. Es la presencia real y manifiesta de su persona. Para ser honesto, la presencia de Dios es indescriptible, no se puede expresar en palabras. No hay vocabulario humano que alcance a descifrar o encapsular lo que la presencia de Dios es y significa. Muchas veces solo la puedes experimentar y nada más. Te roba el aliento, se te acaban las palabras y quedas absorto contemplando su presencia. Pero, aunque no existan palabras para describir su presencia, es lo más maravilloso que un ser humano pueda experimentar. Estar en presencia de Dios, o tener un encuentro con Él, es poderoso, sorprendente, sobrenatural, impactante y transformador; te cambia la vida. Quiero compartir contigo, desde mi experiencia personal, cómo Dios ha cambiado mi vida radicalmente y para siempre. Pero quiero contarte no solo lo bueno y agradable que como hijo de Dios he experimentado, sino también lo malo y desagradable. Aquello que muchos pensarían que no sucedería en la vida de una persona que sirve y ama a Dios. Ya que muchos se preguntan: ¿cómo es posible que Dios permita que sus hijos, a quienes ama, pasen por el sufrimiento? ¿Cómo puede usar una experiencia negativa y de mucho sufrimiento para lograr sus propósitos? Por ejemplo, una enfermedad terminal, la muerte de un ser querido o un problema difícil y complicado. Es verdad, Dios permitirá que pasen en tu vida cosas buenas, así como cosas malas. Esto es clave, dije "Dios permitirá cosas malas", no "Dios hará cosas malas". Dios no hace nada malo, pero sí lo permite con un propósito. Lo que Dios se propone cuando nos permite pasar por el sufrimiento no es algo que sabremos a primera instancia, pero algo sí es seguro: lo entenderemos después. Este es un patrón y un principio revelado claramente en la Biblia, pero que lamentablemente muchas veces ignoramos y por ello perdemos la oportunidad de glorificar a Dios y gozarnos en medio de las pruebas, del dolor y el sufrimiento. Durante veinte años he sido cristiano y en los últimos tres de mi vida he tenido que enfrentar dos veces cáncer terminal. He aquí mi experiencia de cómo la fe en Dios, y ser consciente de Su presencia en mi vida, nos ha ayudado a mí y a mi familia a estar tranquilos y a confiar en la buena voluntad de un Dios tan bueno como es Él.

MI VIDA ANTES DE CRISTO

Mi nombre es Óscar Tacuba Moreno, nací el 3 de abril de 1978, en un pueblo rural llamado Buenavista de Allende, en el estado de Guerrero, México. Aquí viví y me criaron mis padres junto con cinco hermanos más (cuatro hermanas y un hermano). A los quince años de edad mis dos hermanas mayores me llevaron a vivir a la Ciudad de México, con el consentimiento de mis padres, por supuesto (pero, sin pedir mi opinión o consentimiento). Esto fue con el propósito y la buena intención de mis hermanas de que yo pudiera continuar mis estudios de preparatoria, y posteriormente universitarios, para tener un mejor futuro. Después de terminada la preparatoria mi anhelo era estudiar la carrera de Químico Farmacéutico Industrial en el IPN (Instituto Politécnico Nacional). Quería seguir los pasos de mi cuñado Leónides Suárez, a quien admiré y respeté mucho y a quien siempre recordaré con gran aprecio. Me inspiró su pasión, dedicación y esfuerzo, él amaba lo que hacía y eso me motivó, quería ser como él.

Esos eran mis planes, aspiraciones y deseos, hasta que todo se vino abajo. Mi sueño se convirtió en pesadilla cuando por ningún medio me fue posible entrar en la universidad, aunque lo intenté con mucho empeño por dos años consecutivos. Pero no me quedaría de brazos cruzados ante esa situación. Aún tenía otras opciones, también me llamaba la atención estudiar medicina, pensé: si no pude ser un buen químico, al menos puedo ser un buen médico, así que intenté ingresar a la UNAM

(Universidad Nacional Autónoma de México). Pero tampoco pasé el examen de admisión. Hice otros intentos, también fallidos, en otras dos universidades de la ciudad de México y las puertas estaban completamente cerradas, yo no entendía el porqué. Estaba completamente desconcertado. No era el mejor estudiante, pero tampoco era el peor, me sentía seguro y me creía capaz de poder realizar mis estudios universitarios en cualquier carrera. Quería ser un buen químico o un buen médico. ¿Qué de malo había en eso? ¿Por qué los demás lo lograron y yo no? Además, me había preparado y esforzado, tomé cursos en la Escuela Nacional de Matemáticas, pero nada resultó. Como última opción dije: al menos puedo ser un buen maestro de educación física. Era un joven que amaba el deporte y estaba seguro de que lo lograría esta vez. Para mi sorpresa también fui rechazado (no pasé el examen psicológico). Para ese entonces no sabía qué hacer con mi vida, hasta ahora nada había resultado, era una tragedia y no sabía hacia dónde ir ni qué hacer.

En una ocasión, mientras visitaba a mis padres en Gurrero, mi papá me habló de una nueva universidad tecnológica que habían abierto en la ciudad de Petatlán, al norte del estado de Guerrero. Me comentó que estaban reclutando estudiantes y que conocía a alguien que me podía ayudar a ingresar sin mayor problema. Como no tenía nada que perder, acepté ir y pedir más información. Efectivamente las puertas se abrieron de par en par, solo tenía que firmar y ya era miembro de la universidad sin hacer ningún tipo de examen, dije: esto sí que es fácil. El único problema era que esta universidad no ofrecía ninguna de las carreras que yo deseaba estudiar. Pero, como no tenía más alternativa, tomé la decisión de ir a vivir a Petatlán por dos años para estudiar una carrera que jamás había soñado (Administración de Empresas). Así que, en julio del 1998, me fui a vivir a un lugar que no conocía y sin saber lo que allá me esperaba.

CUANDO CRISTO ME SALVÓ

Hasta ese momento de mi vida no entendía por qué me fue imposible cumplir mi sueño de estudiar la carrera que yo quería. Pero Dios sí lo sabía, él sabía lo que estaba haciendo y lo que iba a hacer con mi vida. Tenía mejores planes para mí. El primer año de mi estancia en Petatlán conocí a muchos jóvenes que, como yo, habían venido de diferentes partes a estudiar, cada uno con sus aspiraciones y metas. Era un joven activo y me encantaba jugar y practicar todo deporte que involucrara competencia, pero mi favorito siempre ha sido el futbol. Mientras jugaba, conocí a un joven de otra carrera, su nombre es Lionso Ríos, él había venido del estado de Michoacán a estudiar Hotelería. No éramos amigos ni compañeros de clase, pero nos conocimos por el futbol y conversaba algunas veces con él durante los partidos y prácticas. Noté que él era algo diferente, no sabía qué era, pero pude darme cuenta de que él no era igual que nosotros. No hacía chistes groseros, no tomaba, no fumaba, no iba a fiestas, ni tampoco miraba o hablaba de las compañeras, como sí lo hacíamos los demás. En febrero del 99, Lionso me invitó a una reunión que haría en su apartamento e invitó a algunas amigas y amigos más, así que dije "¿porque no?" y acepté ir. Aquella noche había unos doce jóvenes universitarios reunidos, pero no para tener una fiesta como a las que estaba acostumbrado. Era una reunión para leer la Biblia, algo que yo hasta ese momento de mi vida nunca había hecho. Por supuesto que iba a misa y me consideraba creyente, pero jamás nadie me había dicho que podía leer la Biblia y que podía conocer a Dios de manera personal.

Esa misma noche, al final del estudio bíblico (que, por cierto, no recuerdo de qué habló), Lionso hizo una invitación. Preguntó: "¿Quién quiere aceptar a Jesús como su salvador?". Como la mitad de los jóvenes levantaron la mano, sin saber mucho de lo que esto significaba, también yo levanté mi mano. Terminada la oración de arrepentimiento y confesión, compartió otra historia bíblica (esta historia sí la recuerdo, como si hubiera sido ayer). Compartió la historia de Felipe y el eunuco, que se encuentra en el libro de Hechos 8:26-40. Cuando terminó de leer la historia hizo otra pregunta "¿Quién quiere ser bautizado?". Todos los que habían levantado la mano anteriormente la volvieron a levantar y yo seguí después de ellos. Para ser honesto no entendía nada de lo que estaba pasando, sentía temor, había muchas preguntas en mi mente: "¿Por qué tengo que ser bautizado otra vez?" Por lo que yo sabía, mis padres me bautizaron cuando era niño según la tradición católica romana. Otra pregunta que tenía era: "¿Por qué me quieren bautizar de noche?" Pensé: "esto está raro y sospechoso". Nunca antes había visto a alguien ser bautizado de noche, siendo adulto, y ser sumergido completamente en agua. Según la tradición y la enseñanza de la iglesia católica romana se bautiza a los niños (aunque ni los padres ni el niño saben, ni entienden lo que están haciendo) y se les rocía agua en la cabeza (que, por cierto, eso no es lo que enseña la Biblia). Estas y otras preguntas se las hice a un amigo, Jorge Isaac Sánchez Rivas (él no era creyente ni tampoco aceptó a Jesús aquel día), que también asistió a la reunión aquella noche, su respuesta fue: "No tienes que bautizarte si no quieres, no te pueden obligar, es tu decisión". Pero, aun con todas mis dudas, esa misma noche fui bautizado junto con los demás jóvenes. ¡Oh!, ¡cuánto me gozo de haber tomado esa decisión a pesar de lo que no entendía! Porque aquella bendita noche de febrero de 1999 fue cuando nací de nuevo por la gracia de Dios. Ese fue el día en que Dios me llamó, me salvó y me cambió para siempre. Desde ese día empecé a caminar con Jesús, me convertí en su discípulo; empecé a leer la Biblia que me regalaron y descubrí el tesoro más grande que pude haber encontrado: la salvación de mi alma y la seguridad de la vida eterna. Fui el primero de mi familia en ser salvo, no fue muy bien recibida esta noticia en casa y no estaban muy de acuerdo con mi decisión, pero ya era mayor de edad y bien o mal la respetaron.

Después de terminar mis estudios en Petatlán, regresé a la ciudad de México con mis hermanas para buscar trabajo. Y me costó mucho encontrar uno, por lo tanto, tomé la decisión de venir a los Estados Unidos, donde vivían mis otros dos hermanos. En enero del 2001 me aventuré y crucé la frontera ilegalmente; llegué, gracias a Dios, sano y salvo a la ciudad de Long Beach, California. Ya ubicado en esta ciudad, empecé a asistir a una iglesia pentecostal independiente, donde conocí a mi esposa Norma, ahí nos casamos en marzo del 2003. Ella es y ha sido mi ayuda idónea por dieciséis años. Proverbios 18:22 dice: "Encontrar esposa es encontrar lo mejor: es recibir una muestra del favor de Dios" (BDHH). No es exageración, he encontrado lo mejor, su gracia ha sido abundante, Dios me ha bendecido con una verdadera esposa. Hemos ido creciendo y madurando juntos a través de muchas dificultades. Dios también nos bendijo con dos preciosas hijas: Belén y Joyce, a quienes amamos. Como cualquier otra familia de inmigrantes, en este país hemos pasado por muchas dificultades y, con la ayuda de Dios, juntos las hemos superado todas, pero esto no era todo, aún había más por venir.

¿POR QUÉ CONFÍO EN DIOS?

A lo largo de estos años he aprendido a conocer a Dios. Él es la persona más extraordinaria y confiable que existe en el universo entero y, siendo quien es, ha prometido caminar conmigo en cada paso que doy. Dios me ha prometido su presencia real y completa, y eso es más que suficiente para confiar en él, puedo vivir cada día sin temor y sin preocupación, sabiendo que Dios está a mi lado. Continuando con mi historia, cuando me casé con mi esposa en el 2003 ella era residente permanente de los Estados Unidos y yo ilegal, poco después se hizo ciudadana. Dos años más tarde iniciamos trámites para mi residencia permanente. A finales de septiembre del 2007 salí al consulado de Ciudad Juárez, Chihuahua para cumplir y completar los requisitos migratorios. Lamentablemente la respuesta no fue lo que esperamos. Según la ley calificaba para la residencia permanente, pero por haber cruzado la frontera ilegalmente y haber permanecido por más de un año en el país, ya no calificaba para el perdón migratorio, por lo tanto, tenía que recibir un castigo, tenía que esperar de uno a diez años fuera de los Estados Unidos sin poder entrar. Nada se podía hacer, solo esperar. No era fácil, teníamos dos hijas pequeñas y no estábamos preparados, ni económicamente ni emocionalmente, para algo así. La espera duró trece largos meses, mi esposa, mis hijas y yo estuvimos separados todo este tiempo. Estar lejos de ellas por todo ese tiempo fue la prueba más difícil que hasta entonces habíamos pasado. Pero Dios siempre estuvo con nosotros y nos enseñó con esta experiencia a valorarnos más el uno al otro, fue increíble. Finalmente, el 4 de noviembre del 2008, el Señor abrió las puertas y pude regresar al lado de mi familia, ese día entré por primera vez a los Estados Unidos como residente permanente. A mi regreso, el país había caído en una recesión económica y fue difícil conseguir trabajo estable. Pero, como siempre, ya habíamos aprendido que "Dios es el que abre puertas y nadie las puede cerrar, y él es el que cierra puertas que nadie puede abrir", Apocalipsis 3:7-8. Nuevamente Dios se glorificó y nos mostró su gracia en abril del 2009, abrió una oportunidad de trabajo que usaría para bendecirnos hasta el día de hoy. Nos dio a mi esposa y a mí la oportunidad de manejar una propiedad de 64 apartamentos, sin tener experiencia previa y sin conocer a los dueños, fue un milagro. Aun cuando trabajábamos legalmente no teníamos seguro médico. En el 2014 entró en vigor una ley que requería a todo residente de los Estados

Unidos contar con un seguro médico o de lo contrario habría que pagar una multa anual. Debido a esta situación, oramos a Dios y en agosto del 2016 pedimos a nuestro empleador una de dos cosas: un aumento de sueldo o un seguro médico. Dijo que lo pensaría y su respuesta llegó pocos días después: nos ofreció pagar seguro médico. Todo esto sin que nosotros supiéramos lo que se avecinaba.

Hasta ahora habíamos pasado por luchas, pruebas y dificultades como cualquier otra familia normal. Algunos problemas económicos, dificultades en la crianza de nuestras hijas, problemas migratorios, etc., pero nada serio en cuestiones de salud. En líneas generales estábamos bien, o dentro de lo normal. Como dicen por ahí: teniendo trabajo y salud estamos bien. Pero, en septiembre del 2016 mi salud física no andaba tan normal y las cosas cambiarían rápidamente. Mi seguro médico apenas había sido aprobado el primero de septiembre de ese mismo año, justo días antes de que fuera a mi primera cita regular con un doctor primario, sin saber lo que pasaría. Pero Dios estaba en control de todo, como siempre. En esa primera cita el doctor me examinó, hizo una serie de preguntas rutinarias y guardó silencio por un momento. Entonces le pregunté: "¿Cuál cree que sea mi situación? ¿Cuál es su diagnóstico?". Su respuesta fue: "Puede ser una de dos cosas: tuberculosis o cáncer". Nadie que va por primera vez al doctor después de muchos años se espera una respuesta así. Luego, el doctor agregó: "Antes es necesario hacer exámenes y pruebas para ver los resultados y estar seguros. Empezaremos por la prueba de tuberculosis". Inmediatamente ordenó la prueba y me pidieron regresar al siguiente día para evaluarme. Regresé como me dijeron y la prueba de tuberculosis salió negativa. Recordé lo que había dicho el doctor el día anterior: "puede ser tuberculosis o cáncer". Pensé, si salió negativa la prueba de tuberculosis es muy probable que sea cáncer. Pero, aun así, tomé las cosas con calma. Salí de la clínica, me senté en el asiento del conductor de mi carro, lloré por un minuto y me vino este texto a la mente: "y sabemos que a los que aman a Dios, todas las cosas ayudan a bien, esto es, a los que conforme a su propósito son llamados" (Romanos 8:28). Llamé a mi esposa y le di la noticia que de alguna manera sospechábamos. El doctor inmediatamente me refirió al oncólogo (especialista en cáncer), el cual nuevamente ordenó todo tipo de pruebas, biopsias, escaneos, pruebas de sangre, etc. Después de todos los análisis y en menos de dos meses el 14 de noviembre del 2016 el diagnóstico médico comprobado fue: cáncer Non Honking Follicular Lynphoma, en etapa 3, grado 4 (avanzado y agresivo). El doctor dijo: "No hay tiempo que perder es necesario un tratamiento de quimioterapia lo más pronto posible", y me programó para la semana siguiente. No estuve de acuerdo y dije que necesitaba una segunda opinión, de otro médico, para estar seguro. Por supuesto eso no mejoró en nada mi condición, el segundo médico dijo que el diagnóstico era correcto y sin más demora el 8 de diciembre empecé mi primer tratamiento (uno cada cuatro semanas). El 28 de abril del 2017 fue el último de seis tratamientos y el cáncer se mantuvo en remisión, gracias a Dios. Pero las pruebas aún no terminaban, el tercer domingo de junio, la misma tarde que celebrábamos el día del padre, a mi mamá le dio un derrame cerebral que la dejó hospitalizada por casi dos meses. Como puedes ver, una tragedia sucede a la otra. Recuerda lo que dije: somos una familia normal viviendo en un mundo caído. Aunque amamos y servimos a Dios, y él nos ama, eso no quiere decir que dejaremos de sufrir enfermedades y pasar por dificultades. Mi familia y yo hemos aprendido a decir "hágase Señor tu voluntad, no la nuestra". Jamás le he dicho al Señor "si me sanas te serviré", no. Yo estoy dispuesto a servirle me sane o no. Sano o enfermo, mientras esté con vida le serviré, hasta donde él me lo permita. Reconozco que él es Dios y es digno de adoración y mi servicio. Con esto no quiero ni pretendo sonar heroico, simplemente creo que es una convicción firme que cada creyente debería tener una vez que hemos entendido: quién es Dios, quiénes somos nosotros y la razón y el por qué del sufrimiento en la tierra.

Como mencioné el cáncer se mantuvo en remisión, pero solo por dos años y a principios del 2019 nuevamente regreso, con la misma intensidad. Tenía que ser sometido nuevamente a más quimioterapia, solo que esta vez sería más fuerte y cada tres semanas. Han sido meses difíciles, las reacciones de los últimos tratamientos son terribles. Los efectos secundarios de la medicina te ponen peor que la enfermedad en sí. En mi experiencia, es más terrible la cura que la enfermedad. Ojalá los médicos e investigadores que se dedican a esto puedan muy pronto descubrir una solución más humana a esta enfermedad, que agobia a tantas y tantas personas de diferentes edades, sexos y estatus social. Ojalá puedan dejar de gastar el tiempo y los millones y millones de dólares que se invierten en dichas investigaciones cada año.

Pero ¿cómo hemos asimilado la prueba mi familia y yo?, y ¿qué es lo que nos ha mantenido firmes en medio de las tormentas que hemos enfrentado en todos estos años? Mi respuesta es simple: somos conscientes la presencia de Dios en nuestras vidas. ¿Cómo puedo estar tan seguro de eso? Permíteme explicar, aunque no he visto físicamente a Dios, ni he oído su voz, tampoco he tenido una experiencia fuera de lo normal o un éxtasis, lo que ha sido sobrenatural es el apoyo que hemos recibido a través de tantas y tantas personas. En apoyo emocional hemos recibido llamadas, mensajes y palabras de aliento. Espiritualmente, son cientos de personas en varios países que han estado orando continuamente por nosotros. Económicamente, Dios ha suplido cada una de nuestras necesidades económicas. No hemos pedido dinero a nadie, le hemos pedido a Dios solamente y hemos confiado en que él conoce cada una de nuestras necesidades y no nos ha faltado nada, todo lo ha suplido. Recibimos ayuda de personas que jamás nos imaginamos. Dios ha puesto en sus corazones ayudarnos y lo han hecho. Estamos profundamente agradecidos por la fidelidad de Dios y de su pueblo.

Estoy convencido de esto: muchos no aman a Dios porque no le conocen. Si lo conocieran, le amarían, porque es la persona más maravillosa que existe en el universo. ¿Quién podría resistirse a amar a un Dios tan bueno como él? Piensa por un momento, ¿por qué los discípulos de Jesús le amaron tanto?, al grado que estuvieron dispuestos a entregar sus vidas por él. Solo una cosa pudo haber sido; ellos conocieron y recibieron todo el amor, la gracia y la misericordia de Dios a través de conocer a Jesucristo. En Jesús encontraron paz, amor, perdón, seguridad, esperanza, comprensión, etc. El amor de Dios los cambió, como sucedió conmigo y sucederá con cualquiera que lo conozca. Te invito a que conozcas a Dios a través de su palabra, y conozcas su carácter, su voluntad y sus atributos. Cuando leas la Biblia estarás expuesto a la revelación completa del Dios invisible. Ahora te quiero compartir diez verdades que he aprendido y reconocido en las Escrituras en mis veinte años de caminar con Dios. Estas verdades y principios nos han sostenido en cada prueba que hemos enfrentado y estoy seguro de que también te sostendrán a ti si los crees y los haces tuyos.

1. "Reconozco que soy propiedad de Dios, le pertenezco a él" (Isaías 43:1-5)

Como seres humanos sentimos y tenemos la necesidad de pertenencia. Nos sentimos bien cuando somos parte de una familia, un equipo, un grupo o un país. Porque somos seres sociables, Dios nos creó así, él conoce nuestra necesidad, ¿cómo no ha de saberlo? ¿Quién le dio la vida al hombre? Reconocer y aceptar esta verdad ha bendecido mi vida significativamente: le pertenezco a Dios y él me pertenece a mí. Cuando entendí esta verdad me dio seguridad, más que cualquier otra cosa en la vida. Más que el dinero, más que estar rodeado de guardias o contar con cámaras de vigilancia. Saber que le pertenezco a Dios me hace vivir confiado y puedo enfrentar cualquier cosa con él. Él me hace vivir libre de temor. Así es, saber que le pertenezco a Dios me hace vivir libre del temor a la pobreza, a la enfermedad, a la muerte, a la condenación, a la soledad, a la insignificancia, etc., etc. Esta es la promesa que recibí de Dios en el libro del profeta Isaías 43:1-5:

> [1] Ahora, así dice Jehová, Creador tuyo, ¡oh!, Jacob, y Formador tuyo, ¡oh!, Israel: No temas, porque yo te redimí; te puse nombre, mío eres tú. [2] Cuando pases por las aguas, yo estaré contigo; y si por los ríos no te anegarán, cuando pases por el fuego, no te quemarás, ni la llama arderá en ti. [3] Porque yo, Jehová, Dios tuyo, el Santo de Israel, soy tu Salvador; a Egipto he dado por tu rescate, a Etiopía y a Seba por ti. [4] Porque a mis ojos fuiste de gran estima, fuiste honorable, y yo te amé; daré, pues, hombres por ti y naciones por tu vida.
>
> [5] No temas, porque yo estoy contigo; del oriente traeré tu generación, y del occidente te recogeré.

Cinco veces aparece en este texto el pronombre personal "Yo": Yo te redimí, Yo estaré contigo, Yo Jehová, Dios tuyo, el Santo de Israel, soy tu Salvador, Yo te amé, Yo estoy contigo. Pero ese Yo que aparece en este texto no es del profeta Isaías, sino Jehová Dios y todo se resume en esto: Jehová Dios dice "tú me perteneces, eres mío", en dos maneras: por creación (Dios me creó) y por redención (Dios pagó un precio por mi salvación). ¿Y por qué Dios estuvo dispuesto a pagar un alto precio por mí? Por una simple y poderosa razón: por amor. Así es, Dios me ama con amor eterno. Créeme. Descubrir que existe alguien en este mundo que estuvo dispuesto a dar su vida por ti, es maravilloso. Por supuesto estas promesas que aparecen en Isaías Dios se las hace a la nación de Israel. Pero, también son válidas y aplicables para cada uno de aquellos que por la fe hemos aceptado y recibido a Jesús como nuestro Dios y salvador. "Somos coherederos de las mismas promesas que el pueblo judío" (Efesios 3:6). Esa es la importancia de aceptar a Jesús como salvador, nos coloca en la posición donde podemos ser parte de toda la bendición de Dios. Por lo tanto, yo reconozco que soy propiedad de Dios, le pertenezco a él y no hay nada que pase en mi vida que le tome por sorpresa. Esto me da seguridad y confianza.

El apóstol Pablo sabía y reconocía esta verdad, que le pertenecía a Dios. Hechos 27:23, dijo: "Porque esta noche ha estado conmigo el ángel del Dios de quien soy y a quien sirvo". Pablo dijo esto cuando, junto a doscientas setenta y seis personas, estaban pasando por un naufragio donde casi pierden la vida. Dios estuvo allí todo el tiempo cuidando de su siervo y no solo libró a Pablo sino también a todos los que estaban con él. De igual manera tú y yo le pertenecemos a Dios, en las tormentas de la vida podemos confiar en sus firmes promesas, a prueba de todo. Yo no soy Pablo, pero soy uno que al igual que Pablo sigue los pasos de Jesús de Nazaret mi Señor y Dios, de quien soy y a quien sirvo por su gracia. Tú también puedes tener esa misma confianza y seguridad si lo deseas.

En Juan 10:28-29, Jesús dijo que el Padre le dio las ovejas y él es mayor que todos y por cuanto son de él nadie las puede arrebatar de su mano. En el verso 11 dijo que él es el buen pastor y que el buen pastor su vida da por las ovejas. Y en el verso 4, agregó que cuando el buen pastor saca a sus ovejas él va siempre delante de ellas. Primero Jesús dijo que en sus manos hay seguridad, yo me siento seguro en él. En segundo lugar, dijo que, como buen pastor, está dispuesto a dar su vida por sus ovejas. Es reconfortante saber que tengo un buen pastor, que no solo lo dijo, sino que literalmente dio su vida por mí. Sí, así es, Jesús fue a la cruz y murió por mí y por ti también, experimentó el sufrimiento, fue rechazado, humillado, maltratado, etc. En tercer lugar, dijo que nunca nos va a hacer pasar por un camino, lugar o circunstancia en el cual él no haya pasado primero. Si me hace atravesar por el valle de sombra de muerte, es porque él está conmigo, él va delante de mí. No hay ningún sufrimiento por el cual esté pasando que él no haya pasado antes que yo. Es indescriptible la confianza y seguridad que esto ofrece.

¿Y acaso no tienes tú también la necesidad de pertenencia? ¿Por qué no vuelves hoy al redil? ¿Qué estás esperando? Corre a los brazos de Jesús, está dispuesto a recibirte en su gran familia para darte lo que más necesitas: amor, protección y cuidado. Entonces podrás decir, le pertenezco a Dios y nadie me arrebatará de su mano.

2. "Reconozco que Dios está siempre conmigo"
(Mateo 28:20)

Hay muchos pasajes en los cuales Dios prometió su presencia a los que le aman, una y otra vez, por ejemplo, en Génesis 26:24, dice:

Y se le apareció Jehová aquella noche, y le dijo: Yo soy el Dios de Abraham tu padre; no temas, porque yo estoy contigo, y te bendeciré, y multiplicaré tu descendencia por amor de Abraham mi siervo.

En Josué 1:9, dice:

Mira que te mando que te esfuerces y seas valiente; no temas ni desmayes, porque Jehová tu Dios estará contigo en dondequiera que vayas.

En Isaías 41:10, dice:

No temas, porque yo estoy contigo; no desmayes, porque yo soy tu Dios. Te fortaleceré y siempre te ayudaré, siempre te sustentaré con la diestra de mi justicia.

Jeremías 1:8 asegura:

No temas delante de ellos, porque contigo estoy para librarte, dice Jehová.

Y así podría citar, pasaje tras pasaje, donde Dios promete estar conmigo siempre. En el famoso Salmo 23, David escribió: "Jehová es mi pastor y nada me faltará". Y en el cuarto verso agregó: "Aunque ande en valle de sombras y de muerte no temeré mal alguno, porque tú estarás conmigo; tu vara y tu callado me infundirán aliento". Dijo David: si Dios es mi pastor y yo soy su oveja, entonces le pertenezco, estoy protegido y me siento seguro y puedo decir: "nada me faltará". Además, mencionó: la presencia de Dios me infunde aliento, por lo tanto, aunque pase por el valle más oscuro, no temeré. Te lo digo por experiencia, he pasado por el valle muchas veces y te puedo decir: no es fácil pasar por ahí, pero Dios ha estado conmigo siempre, no me ha dejado solo ni por un momento. Esto es lo que Jesús prometió a todos sus discípulos, Mateo 28:20b dice: "... y he aquí yo estoy con vosotros todos los días, hasta el fin del mundo. Amén".

Esta promesa yo no la puedo hacer a nadie, ni a mi esposa, ni a mis hijas, aunque las ame mucho, porque sé que no podré estar siempre con ellas, soy finito, pero Dios no. Por lo tanto, él si lo puede prometer, porque solo él lo puede cumplir una promesa como esa. Él puede y quiere, es decir, Dios tiene el poder y la voluntad de estar con nosotros siempre, en cualquier lugar y circunstancia.

En el punto anterior mencioné que Dios me ha librado de todo tipo de temor y es verdad. Uno de los temores que paraliza y priva a muchos de vivir en libertad es el temor y el miedo a la soledad. Pero, como sé que le pertenezco a Dios y él está conmigo, no hay nada que temer, porque nunca estaré solo. Y es que hay una estrecha relación entre la pertenencia y la presencia de Dios. Es maravilloso, como sé que le pertenezco a Dios, entonces, sé que él estará conmigo siempre.

Dios es un buen pastor y Padre, promete cuidarte, protegerte, estar contigo siempre y darte todo lo que necesitas. Tú también puedes tener esa seguridad si lo aceptas y podrás decir como dijo Jesús. "no me ha dejado solo el Padre, siempre está conmigo" (Juan 8:29).

3. "Reconozco que Dios es soberano, está por encima de todo y lo puede todo" (Daniel 3)

En el capítulo 3 del libro de Daniel, encontramos la historia de tres jóvenes hebreos que fueron llevados cautivos por los babilonios, es una historia fascinante. El rey Nabucodonosor hizo una estatua de oro para ser adorado como un Dios. Era, en su arrogancia, el deseo del rey, así que lo hizo una ley. En ella estipuló que todos tenían que adorar su estatua en el día señalado, quien se atreviera a desobedecer las órdenes del rey pagaría con su vida. Sería echado inmediatamente a un horno de fuego ardiendo.

El día y la hora señalada para la adoración, de la estatua llegó. Terminada la ceremonia, solo el rey estaba contento, pero pasó lo inesperado, no todos obedecieron. ¿Cómo era eso posible? ¿Quién se atrevería a arriesgar su vida por algo así? La orden era clara y sencilla de cumplir. Solo había que postrarse y adorar una imagen. ¿Qué tiene de malo? Para los idólatras no tiene nada de malo adorar imágenes y estatuas, es lo que hacen siempre, pero para los que aman, conocen y sirven a Dios, eso es pecado. Entre la multitud había tres jóvenes hebreos que amaban, conocían y servían al Dios de Israel, aun en tierra extranjera. Ellos no podían obedecer y cumplir la voluntad del rey. Iba en contra de su fe, obedecer al rey era desobedecer a Dios y no lo harían. Eran jóvenes comprometidos con su Dios y determinados en su fe. Hubo quienes vieron a estos jóvenes y vinieron con la noticia al rey (como dicen por ahí, las noticias vuelan o nunca faltan los chismosos y envidiosos). El rey indignado los mandó a traer, leamos lo que pasó aquel día, Daniel 3:14-18, dice:

14 Habló Nabucodonosor y les dijo: ¿Es verdad, Sadrac, Mesac y Abednego, que vosotros no honráis a mi dios, ni adoráis la estatua de oro que he levantado?

15 Ahora, pues, ¿estáis dispuestos para que al oír el son de la bocina, de la flauta, del tamboril, del arpa, del salterio, de la zampoña y de todo instrumento de música, os postréis y adoréis la estatua que he hecho? Porque si no la adorareis, en la misma hora seréis echados en medio de un horno de fuego ardiendo; ¿y qué dios será aquel que os libre de mis manos?

16 Sadrac, Mesac y Abednego respondieron al rey Nabucodonosor diciendo: no es necesario que te respondamos sobre este asunto.

17 He aquí nuestro Dios a quien servimos puede librarnos del horno de fuego ardiendo; y de tu mano, ¡oh!, rey, nos librará.

18 Y si no, sepas, ¡oh!, rey, que no serviremos a tus dioses, ni tampoco adoraremos la estatua que has levantado.

El rey se mostró su generosidad al darles una segunda oportunidad, quería ver si se atreverían a desafiarle en su presencia. Les preguntó ¿y que dios será aquel que os libre de mis manos? Ahora todo mundo estaba atento, no al sonido de los instrumentos, ni a la estatua de oro ni tampoco al rey, toda la atención y las miradas estaban puestas sobre estos tres valientes jóvenes. Me encanta la respuesta inmediata de ellos: "rey, sobre su pregunta: ¿Qué dios nos librara de su mano? Nuestro Dios puede, es decir, él tiene todo el poder, es soberano sobre todos los reyes de la tierra". Eso era lo que estos jóvenes sabían. Nuestro Dios es el único Dios verdadero. Es vivo, es todopoderoso y es soberano. Ah, pero también estos jóvenes sabían algo más de Dios, que lamentablemente muchos ignoran consciente o inconscientemente. Su respuesta fue: nuestro Dios puede librarnos, eso no lo dudamos, pero tal vez él no quiera librarnos, eso no lo sabemos nosotros. Cuán importante es que como hijos de Dios entendamos esto y dejemos a Dios ser Dios y no queramos nosotros darle órdenes a él de qué debe hacer y qué no. No es solo conocer el poder de Dios, sino también aceptar la voluntad de Dios y estar tranquilos con lo que Dios decida hacer en nuestra vida. Entonces, nuevamente, su respuesta fue: Dios puede, pero tal vez no quiere. Ellos estaban decididos, sea la voluntad de Dios salvarnos o no, no serviremos a tus dioses ni ninguna estatua. Nos mantendremos fieles y firmes a Dios hasta la muerte.

La ira del rey se encendió por sus palabras. Mandó a calentar el horno siete veces más. Los amarraron y los echaron al horno de fuego ardiendo. La indignación del rey se convirtió en asombro. Exclamó: "No echaron tres jóvenes atados, pero yo veo a cuatro que se pasean dentro del horno y el cuarto es semejante al hijo de los dioses". El fuego no tuvo poder sobre sus cuerpos. Lo único que se quemó fueron las cuerdas que los ataban, pero ni siquiera uno solo de sus cabellos se quemó, ni sus ropas sufrieron daño alguno. Estos jóvenes conocían la promesa de Dios en Isaías 43:2-3: "Cuando pases por las aguas, yo estaré contigo; y si por los ríos no te anegarán. Cuando pases por el fuego, no te quemarás, ni la llama arderá en ti".

Dios cumple lo que promete, puede contar con ello. Sea que pases por un fuego literal o por las aguas, puedes contar con Dios, estará contigo. Esta historia es un ejemplo de ello.

El rey terminó diciendo: "Bendito sea el Dios de ellos, porque no hay dios que pueda librar como este". Y así es, no hay Dios como nuestro Dios, confiemos en él, pase lo que pase. Recuerda que el poder de Dios es ilimitado, pero su voluntad no siempre la sabremos, sino hasta que pasemos por la prueba, pero no dudes, nos libre o no, estará con nosotros.

4. "Reconozco que todas las cosas tienen un propósito" (Romanos 8:28; Job 1:22)

Todo lo que existe tiene un propósito y todo lo que pasa también tiene un propósito. Es fácil leer esto y estar de acuerdo con ello, pero lo que no es tan fácil es aceptarlo, especialmente, cuando sucede algo malo, ya sea a nosotros o a nuestros seres queridos. Amar a Dios y servirle cuando todo está bien es fácil, pero cuando hay dificultades y las cosas no salen como nosotros queremos, es entonces cuando nuestra fidelidad, devoción y confianza se ven probadas.

En el Antiguo Testamento aparece la historia de un hombre llamado Job, era un hombre que amaba y servía a Dios con un corazón sincero y Dios lo había hecho prosperar en todo. Job era rico, tenía todo lo que cualquiera pudiera desear. Pero, un día el infortunio tocó a su puerta, en un solo día perdió todo lo que tenía. En el libro de Job 1:22, leemos: "En todo esto no pecó Job, ni atribuyó a Dios despropósito alguno".

¡Oh, cuánto necesitamos aprender de la experiencia de este hombre de Dios! Después de que Job perdió todo, absolutamente todo, no culpó a Dios ni renegó contra él. Esto es lo que podemos aprender: cuando pasemos por una adversidad y no entendamos lo que está pasando, no culpemos a Dios, porque, aunque Dios haya permitido que sucediera lo que fuere, no quiere decir que Dios lo hizo. Dios permite el mal, pero nunca hace el mal, es muy distinto lo uno de lo otro. Una cosa debemos saber, si Dios lo permitió es porque tiene un propósito, y él puede usar una tragedia en nuestras vidas para glorificarse, pero solo si se lo permitimos.

Fue tanta la confianza de Job en Dios que pudo decir: "He aquí, aunque él me matare, en él esperare... (Job 13:15). ¿Acaso Job estaba loco? ¿Había perdido la razón? No, de ninguna manera, Job había entendido que aun en su muerte Dios tenía un propósito

Romanos 8:28 dice: "Y sabemos que a los que aman a Dios, todas las cosas les ayudan a bien, esto es, a los que conforme a su propósito son llamados". Este es un texto muy citado y memorizado por muchos, y qué bueno. Pero es necesario no solo saberlo, sino, sobre todo, aplicarlo a nuestras vidas. Para que cuando nos encontremos pasando por diversas pruebas (como es necesario que pasemos), confiemos en que algo bueno sacará Dios de ello. Incluso de nuestros sufrimientos, él los usará para su gloria. Cada lágrima derramada, cada sufrimiento, Dios no lo ignora, lo tiene muy presente y no dejará caído para siempre al justo. El apóstol Pablo, quien escribe la carta a los Romanos, termina este capítulo alentando a los hermanos a confiar en Dios, sabiendo que nada ni nadie nos puede separar del amor de Dios. Romanos 8:38-39 dice: "Por lo cual estoy seguro de que ni la muerte, ni la vida, ni ángeles, ni principados, ni potestades, ni lo presente, ni lo por venir, ni lo alto, ni lo profundo, ni ninguna otra cosa creada nos podrá separar del amor de Dios, que es en Cristo Jesús Señor nuestro". Y Romanos 14:8 dijo: "Pues si vivimos, para el Señor vivimos; y si morimos, para el Señor morimos. Así pues, sea que vivamos o que muramos, del Señor somos".

Anteriormente, cuando hablé de mi experiencia de salvación a los 21 años de edad, dije que no entendía por qué Dios me cerró las puertas en varias de las universidades en las cuales yo quería estudiar. Pero, años después de que fui salvo, lo entendí perfectamente y ahora le doy gracias a Dios. Él tenía mejores planes en mente para mí, los cuales yo no sabía. Ahora soy una persona feliz, realizada, vivo para la gloria de Dios, no para la mía y eso me llena de gozo el corazón, más que cualquier otra cosa. Tengo la perspectiva correcta en la vida. Sé de dónde vengo, sé quién soy y sé a dónde voy. Sé que todo esto pronto terminará y entonces estaré con él por toda la eternidad. No cambiaría nada de este proceso, tal vez solo el haber podido ser más agradecido con Dios y con los demás.

5. "Reconozco que nada es mío, Dios es dueño de todo lo que tengo y soy" (Job 1 y 2)

¿Sí estás de acuerdo conmigo?, esto es algo que como humanos nos cuesta aceptar y reconocer. Desde que nacimos pensamos que el mundo nos pertenece y que gira, y debe girar, a nuestro alrededor. El egocentrismo está muy arraigado en nosotros y tendemos a ser muy posesivos. Eso es lo que hace el egocentrismo, nos hace vivir centrados en el yo, pensando que yo soy el centro. Y eso no es verdad, es una vil mentira. ¿Te imaginas si tú o yo fuéramos el centro de todo? ¡Qué bueno que no es así!, porque, de lo contrario, el mundo estaría arruinado. Qué alegría es saber que yo no soy el centro, sino Dios. Esto produce una gran paz, un descanso y liberación a mi alma. Saber que todo lo que tengo es prestado y que nada es mío, incluso mi vida misma. Entiendo que yo solo soy un administrador de los recursos y los materiales que se me han dado. Lamentablemente la cultura materialista y egoísta en la cual vivimos nos enseña que entre más tenemos, más valemos, eso es mentira. Hay personas que tienen mucho y no valen nada, y hay personas que tienen poco, pero valen mucho. He escuchado muchas historias trágicas de personas, tanto jóvenes como ancianos, que se suicidaron solo porque perdieron los bienes que tenían. Qué lástima y qué tristeza produce escuchar eso. Tu vida vale más que todo el oro del mundo. Jesús murió por ti, no por el oro. Vales más de lo que te imaginas, pero para que puedas encontrar tu verdadero valor necesitas rendirte ante él.

La historia de Job es fascinante. Job era un hombre muy rico, sabio y temeroso de Dios, que tenía la perspectiva correcta de la vida. Un día, Satanás incitó a Dios para que probara la integridad de Job. Satanás decía que Job temía a Dios por todo lo que Dios le había dado, no porque lo amara en verdad. Y que una vez que Job perdiera todo se olvidaría de Dios y maldeciría su nombre. Dios aceptó el reto y le permitió a Satanás quitarle a Job todo lo que tenía. Murieron sus diez hijos el mismo día, perdió completamente todas sus posesiones. Cuando Job terminó de oír las malas noticias de todo lo que había acontecido, esto fue lo que dijo e hizo, Job 1:20-22:

> [20] *Entonces Job se levantó, y rasgó su manto, y rasuró su cabeza, y se postró en tierra y adoró,*
> [21] *y dijo: Desnudo salí del vientre de mi madre, y desnudo volveré allá. Jehová dio, y Jehová quitó; sea el nombre de Jehová bendito.*
> [22] *En todo esto no pecó Job, ni atribuyó a Dios despropósito alguno.*

Job no sabía nada de lo que estaba pasando en el ámbito espiritual, no sabía que él se había convertido en el objeto y blanco de Satanás, y que quería arruinarlo. Pero Job sabía algo muy importante, él sabía que Dios era dueño de todo lo que tenía, por eso, cuando lo perdió todo, pudo decir con sinceridad y convicción lo que dijo: "Desnudo salí del vientre de mi madre, y desnudo volveré allá. Jehová dio, y Jehová quitó; sea el nombre de Jehová bendito". Job pudo resistir la prueba y no culpó a Dios, ni dijo nada en contra de Dios. Pero aún faltaba algo más, ahora Job sufriría en su propio cuerpo y sería afligido por una enfermedad, veamos cómo reaccionó ante esto, cuando su mujer le pidió que maldijera a Dios. Job 2:10 dice:

> *¹⁰ Y él le dijo: Como suele hablar cualquiera de las mujeres fatuas, has hablado. ¿Qué? ¿Recibiremos de Dios el bien, y el mal no lo recibiremos? En todo esto no pecó Job con sus labios.*

Sin duda Job era un hombre íntegro, era completo de pies a cabeza. Se regocijó en Dios cuando le trajo bien y prosperidad, pero fue el mismo cuando Dios permitió que le viniera el mal. Qué carácter y qué temperamento. Ojalá Dios pudiera decir de nosotros lo mismo que dijo de Job: "No hay otro como él en la tierra, varón perfecto y recto, temeroso de Dios y apartado del mal". Lamentablemente no es así. Estamos tan enamorados del mundo que nos hemos olvidado de Dios. Nos preocupamos más y valoramos más lo terrenal que lo eterno. El afán de la vida aflige a tantos, creyentes y no creyentes. De los no creyentes se entiende, como dijo Jesús en Mateo 6: 32-33 "…los gentiles que no conocen a Dios, está bien que se ocupen de estas cosas temporales, pero sus hijos, los hijos del reino, es menester que busquemos primeramente el reino de Dios y su justicia. Pero que Dios tenga misericordia de nosotros, porque los afanes de este siglo, el engaño de las riquezas, las codicias de otras cosas y los placeres de la vida, han entrado y ahogado la palabra y se han hecho infructuosas en el pueblo de Dios" (Marcos 4:19).

Contesta sinceramente lo siguiente: ¿Serías la misma persona si hoy lo perdieras todo: salud, trabajo, dinero, familia, negocio, carrera, etc.? ¿Cómo reaccionarías si eso sucediera? ¿Te amargarías, renegarías de la vida y contra Dios, te deprimirías? Tu respuesta determinará quién es dueño de lo que tienes, tú o Dios. Si Dios es dueño de lo que tienes, entonces estarás bien, tendrás paz, sino, tu mundo se vendrá abajo. Jesús dijo esto: "Porque donde esté vuestro tesoro, ahí estará también vuestro corazón", (Mateo 6:21). ¿Dónde está tu tesoro? ¿En el cielo o en la tierra? ¿Quién es dueño de lo que tienes?

En su comentario del Nuevo Testamento el pastor John Courson comparte la siguiente historia:

Una historia fue contada de Dietrich Reinhold, un hombre conocido en su comunidad por ser muy rico. Una noche se fue a dormir en su gran mansión solamente para despertarse un par de horas después sudando frío, aterrorizado por un sueño en el cual un ángel se le apareció y le dijo: "A la media noche, el hombre más rico en el valle va a morir."

Ese soy yo, pensó Reinhold y envió a un sirviente a que buscara rápido al doctor. El doctor vino precipitadamente y escuchó la historia de Dietrich, se sentó con él hasta que el reloj marcó las doce de la media noche. Cuando sonó la última campanada, como Dietrich estaba respirando, sintió un gran alivio y escuchó que alguien tocaba en su puerta. Abrió y descubrió que era uno de sus siervos.

"¡Maestro! ¡Maestro Reinhold! ¡Hans acaba de morir!"

Inmediatamente Dietrich Reinhold entendió que Hans, el siervo que era conocido en toda la región como uno que amaba al Señor, era el hombre más rico del poblado.

Esta historia simplemente nos revela que nuestra perspectiva no siempre es la correcta y que lo que valoramos más en esta vida no siempre es lo más valioso, Dios no ve como nosotros vemos. Dios valora más nuestras vidas que las cosas y nosotros valoramos más las cosas que la vida.

6. "Reconozco que Dios es bueno, siempre y en todo momento" (Nahum 1:7)

El Señor es bueno, un refugio seguro
cuando llegan dificultades. Él está cerca
de los que confían en él.

(Nahúm 1:7 NTV)

Esta escritura la aprendí hace mucho y ha sido un ancla en las tormentas que he tenido que enfrentar. Dios nunca ha hecho nada malo, ni lo hará; él solo sabe hacer el bien. Aun cuando a Dios se le culpe del mal, él no es responsable de ello, somos nosotros mismos quienes hacemos el mal. Entiendo que Dios sí permite que pase el mal, pero no es él quien lo hace, eso es muy diferente. Cuando Dios nos creó, nos dio voluntad y libertad para elegir. Entonces, el mal es algo que nosotros elegimos, no Dios. Así que, cuando suceda algo malo en tu vida, no le eches la culpa a Dios y menos te alejes de él. Más bien refúgiate en él, porque Dios es un refugio seguro y estará cerca de ti, especialmente cuando lleguen las dificultades a tu vida. Todo depende de ti, si crees en Dios y le conoces (porque has caminado cerca de él), entonces tendrás la perspectiva y la actitud correcta cuando enfrentes dificultades. Y, créeme, sin excepción, todos enfrentaremos dificultades tarde o temprano, la diferencia es cómo las afrontamos.

El padre de John Maxwell un día dijo esto:

No es lo que pasa alrededor de ti lo que cuenta, sino lo que pasa dentro de ti. Vas a tener que enfrentar muchas cosas que no son buenas, pero si tu actitud y tu espíritu es el correcto, vas a poder continuar avanzando, de lo contrario dejarás de hacerlo.

Cuán sabias fueron sus palabras, ninguno puede controlar todo lo que pasa a nuestro alrededor, pero sí podemos controlar lo que pasa dentro de nosotros. Eso será posible, solo cuando desarrollemos el dominio propio.

Job, uno de los personajes que cité anteriormente, dijo: "¿Qué? Recibiremos de Dios el bien, ¿y el mal no lo recibiremos?" (Job 2:10). Con esto no quiso decir que Dios hizo el mal, sino que él lo permitió. Alegrarse solo cuando recibimos el bien, y enojarnos o renegar contra Dios cuando permite el mal, demuestra una actitud de infante caprichoso, que solo quiere que jueguen como él quiere y cuando las cosas no se hacen a su manera, se enoja. Pero es tiempo de que maduremos en nuestro conocimiento de Dios; de que lo dejemos a él ser Dios y no pretendamos nosotros serlo. Dios es bueno y seguirá siendo bueno, aunque permita que nos suceda algo malo. Nunca lo olvides: El Señor es bueno.

7. "Reconozco que puedo gozarme en medio de las pruebas" (Mateo 5:1-12; Hechos 5:41)

Esto es porque gracias a Dios he comprendido el Evangelio bíblico, no el evangelio de la prosperidad, ni el de ningún hombre, sino el Evangelio predicado por nuestro Señor Jesucristo. En el evangelio según san Mateo está registrado el Sermón del Monte, el cual comienza con las bienaventuranzas. Jesús dijo que somos bienaventurados cuando sufrimos por causa de él. Así que entiendo que el sufrimiento y las pruebas son parte del cristianismo, y si quiero gozarme con Cristo, debo también aprender a sufrir por él.

Escuche lo que se dice de los apóstoles de Jesús cuando fueron golpeados por predicar el Evangelio. Hechos 5:41: "Y ellos salieron de la presencia del concilio, gozosos de haber sido tenidos por dignos, de padecer afrenta por causa del Nombre".

La primera vez que los discípulos fueron azotados por predicar sobre Cristo se sintieron felices y gozosos. ¿Acaso eran masoquistas?, por supuesto que no. Su gozo provenía de haber comprendido finalmente lo que Jesús les había dicho anteriormente, que, por causa de su fe en él, tenían que sufrir afrenta, persecución y todo tipo de maltrato. Se sintieron gozosos porque estaban seguros de que Jesús fue quien dijo ser, el Mesías que tanto habían esperado y que ahora habían encontrado. Esto no lo entienden los que no conocen a Dios, pero los que lo conocemos, sabemos que es una distinción sufrir por Cristo, es señal de que estamos en el camino correcto y que no somos más de este mundo.

El apóstol Pablo, en Filipenses 1:29, dijo: "Porque a vosotros os es concedido a causa de Cristo, no sólo que creáis en él, sino también que padezcáis por él".

No debemos avergonzarnos cuando sufrimos por Cristo, debemos sentirnos felices y dichosos. Las luchas, pruebas y adversidades que enfrentamos hoy no deben ni pueden quitarnos el gozo, al contrario, deben aumentarlo sabiendo que somos participantes de los padecimientos de Cristo y que cuando él regrese recibiremos la recompensa de un siervo fiel.

Santiago 1:2-3 dice:

2 Hermanos míos, tened por sumo gozo cuando os halléis en diversas pruebas,

3 sabiendo que la prueba de vuestra fe produce paciencia.

Escuche ahora lo que escribió el apóstol Pedro en su primera carta. Pedro 4:12-13:

12 Amados, no os sorprendáis del fuego de prueba que os ha sobrevenido, como si alguna cosa extraña os aconteciese,

13 sino gozaos por cuanto sois participantes de los padecimientos de Cristo, para que también en la revelación de su gloria os gocéis con gran alegría.

Este es el Evangelio bíblico, no podemos ni debemos quitar el sufrimiento que está implícito en haber creído en Cristo, porque, si lo hacemos, lo estaremos adulterando y diluyendo. Un cristiano verdadero no debe sorprenderse cuando le vienen pruebas, ni preguntar por qué me pasa esto a mí. Porque debe saber que el sufrimiento y las pruebas en este mundo son necesarias y no debemos sorprendernos. Así que gocémonos en medio de las pruebas, aunque esto no quiere decir que no sentiremos el dolor, sino que, a pesar del dolor, confiemos en que su presencia está con nosotros y esperemos en sus promesas.

Mejor aún, debes saber que las pruebas que enfrentas no son para destruirte, sino para promoverte. He visto a muchos que quieren servir a Dios y ser usados por Dios, pero no están dispuestos a sufrir por Dios. Quieren que Dios actúe y obre en los términos de ellos, dicen "úsame Señor, pero a mi manera". Eso es imposible, no sucederá así. Porque, como el oro y la plata son purificados por el fuego, así también es el propósito de Dios refinarte por medio de la prueba, para que después del proceso salgas más puro, recuerda que el oro entre más puro es, más valioso. Así eres tú ante los ojos de Dios cuando pasas por las pruebas. Estoy seguro de que Dios quiere hacer grandes y maravillosas cosas en Su pueblo y con Su pueblo. El problema es que no se lo permitimos. ¿Cuándo hacemos eso? Cuando nos resistimos a sufrir. Cuando apenas sentimos el calor del fuego de prueba, y clamamos inmediatamente que nos saque de ahí, estamos impidiendo que la gloria de Dios se manifieste en nosotros. Debemos estar dispuestos a esperar en él. ¿Estás dispuesto a entrar en el crisol de Dios para ser probado?, ¿estás dispuesto a pagar el precio para ser usado?

Una vez le regalé un libro a mi esposa titulado Ponte una flor en el pelo y sé feliz, escrito por Barbara Johnson. El primer capítulo lo tituló "El dolor es inevitable, pero sentirse miserable es opcional". Esto lo leí hace años y me ha servido siempre que enfrento dificultades, espero que te sirva también a ti. Es cierto, no podemos evitar el dolor ni el sufrimiento, tarde o temprano vamos a sufrir. Lo que sí podemos evitar es sentirnos miserables por lo que estemos pasando. Pero ¿por qué tiene que ser así? ¿Por qué tenemos que sufrir? Porque vivimos en un mundo caído, vendido al pecado. Todos estamos expuestos al dolor, al sufrimiento. No importa cuán positivo o cuán bueno seas, incluso no importa cuánta fe tengas. Lo cierto es que vamos a sufrir, alguien nos va a herir tarde o temprano. Pero lo que sí podemos hacer es escoger el gozo antes que la lástima y la conmiseración.

Pablo, quien fue un siervo muy usado por Dios, escribió la carta a los Filipenses, en la cual enfatiza el gozo. Y Pablo sufrió como ningún otro misionero de su época, pero aún tenía el gozo del Señor en su vida y nunca se amargó. En Filipenses 4:4, escribió: "Regocijaos en el Señor siempre". Otra vez digo: ¡Regocijaos!

¿Cuál era la clave y el secreto de su gozo y regocijo? Confiar en el Señor, no en las circunstancias. Porque Jesús es vencedor, él ya venció. Se levantó de la tumba, venció la muerte con poder y está a nuestro lado siempre. Aun cuando suframos en este mundo, podemos confiar que la victoria final y definitiva es del Señor. Si estás en Cristo, estás en el lado vencedor. Así que ¡gocémonos y regocijémonos en el Señor hoy y siempre!

8. "Reconozco que Dios prueba la fe de sus hijos"
(Génesis 22:1; Deuteronomio 8:2; Jueces 3:4)

Sé que Dios prueba la fe de sus hijos y que él tiene todo el derecho de hacerlo. ¿Por qué Dios nos prueba? Como mencione en el punto anterior, nos prueba para purificarnos, pero también para saber lo que hay en nuestro corazón. Él quiere saber si nuestra fe es genuina y pura o si es falsa e impura. ¿Le honramos solo de labios o lo hacemos de corazón? ¿Le alabaremos solo cuando nos va bien y qué tal cuando nos va mal? ¿Le seguiremos solo cuando nos da o también cuando nos quita? Eso será revelado solo a través de las pruebas. Por todo esto, entiendo que las pruebas son justas y necesarias. Una vez leí lo siguiente: "Todo lo que ha de llevar luz, tendrá que resistir el fuego". Es verdad si algo no resiste el fuego entonces no sirve para alumbrar, ni para llevar luz. Debemos entender esta verdad fundamental, Dios nos llamó de las tinieblas a su luz admirable para que alumbráramos este mundo con su luz (1 Pedro 2:9). Cada uno de los que creemos en él somos una antorcha encendida o debemos serlo en un mundo lleno de oscuridad. Pero ¿somos tú y yo resistentes al fuego?, ¿eres tú y soy yo un candidato que Dios puede escoger para pasarnos por el fuego? Y si no ¿por qué no? ¿Por qué Dios no podría decir de ti y de mí como dijo de Job? "No hay otro como el en la tierra...", acaso no es para esto que Dios nos apartó de entre los demás pueblos, entonces empecemos a andar como es digno delante de él. Es menester que como creyentes entendamos esto. Dios nos quiere aquí para que seamos sus testigos (antorchas que alumbran en lugares oscuros), si Dios no quisiera que estuviéramos aquí, ya nos habría llevado. Estamos aquí con una misión y muy importante, por cierto, para dar a conocer las virtudes de aquel que nos llamó de las tinieblas a su luz admirable (1 Pedro 2:9). Pero, para poder ser instrumentos en las manos de un Dios Santo, es necesario también nosotros ser santos y para eso son necesarias las pruebas. Dios está buscando antorchas que pueda encender con Su luz, pero solo encenderá aquellas que sabe que no se consumirán con el fuego; sino que se mantendrán ardiendo a perpetuidad como estrellas en el firmamento.

9. "Reconozco que Jesús no prometió el camino fácil, pero si el mejor camino" (Mateo 7:13-14. NTV)

[13] *Solo puedes entrar en el reino de Dios a través de la puerta angosta. La carretera al infierno es amplia y la puerta es ancha para los muchos que escogen ese camino.*

[14] *Sin embargo, la puerta de acceso a la vida es muy angosta y el camino es difícil, y son solo unos pocos los que alguna vez lo encuentran.*

(Mateo 7:13-14)

Esto es lo que he comprendido: Jesús me invita a entrar por la puerta estrecha, donde entrar es difícil, al igual que me invita por el camino que debo continuar una vez que he entrado. No me pide entrar por la carretera donde todo es más fácil. Así que aceptaré de buena voluntad el camino por el cual Dios me quiere llevar y no buscaré atajos y no interrumpiré el proceso que Dios está usando para moldearme. Espero que tú también escojas lo mismo. Recuerda, el camino que conduce a la vida eterna es angosto y pocos entran por él. ¿Serás tú de los pocos que escogen caminar por el mejor camino?

En Juan 16:33, Jesús dijo: "En el mundo tendréis aflicción; pero confiad, yo he vencido al mundo". Y antes de ir a la cruz Jesús oró al Padre y le pidió por sus discípulos y por los discípulos de sus discípulos. La oración está registrada en Juan 17. Esto es parte de lo que Jesús pidió al Padre por sus discípulos: "No ruego que los quites del mundo, sino que los guardes del mal" (Juan 17:15).

Leyó bien, primero Jesús afirmó que "en el mundo tendríamos aflicciones" y luego pidió al Padre que no nos quitara del mundo... Un momento podría usted decir, si Jesús sabe que en este mundo vamos a sufrir, por qué nos quiso dejar aquí, esto no tiene sentido. Por supuesto que para usted y para mí no tiene sentido, pero para Dios sí lo tiene. Porque "... Es necesario que a través de muchas tribulaciones entremos en el reino de Dios", (Hechos 14:22). Recuerde, Dios es más sabio que nosotros, sabe mucho más que nosotros, solo confía y descansa en él. Disfruta el camino, es temporal al igual que el sufrimiento que experimentas hoy y muy pronto podrás disfrutar de la gloria eterna.

10. "Mantengo mis ojos en Jesús el autor y consumador de mi fe" (Hebreos 12:2)

Recién convertido empecé a reunirme en casa de unos misioneros americanos, Ricardo y Letty Atkinson. Quienes llevan más de 45 años viviendo en Guerrero, México. Es más, fue en casa de ellos donde fuimos bautizados aquel grupo de jóvenes aquella noche. En esas reuniones aprendí mis primeros himnos y alabanzas cristianas, este es uno de ellos:

Dejo el mundo y sigo a Cristo,
porque el mundo pasará;
más su amor, amor bendito,
por los siglos durará.

¡Oh, qué gran misericordia!
¡Oh, de amor sublime don!
¡Plenitud de vida eterna,
prenda viva del perdón!
Dejo el mundo y sigo a Cristo,
paz y gozo en Él tendré;
y al mirar que va conmigo,
siempre alegre cantaré.

Dejo el mundo y sigo a Cristo,
su sonrisa quiero ver;
como luz que, en mi camino,
haga aquí resplandecer.

Dejo el mundo y sigo a Cristo,
acogiéndome a su cruz,
y después iré a mirarle
cara a cara en plena luz.

Otro himno que entonábamos es este:

He decidido seguir a Cristo.
No vuelvo atrás, no vuelvo atrás.

El Rey de gloria me ha transformado.
No vuelvo atrás, no vuelvo atrás.

La vida vieja ya he dejado.
No vuelvo atrás, no vuelvo atrás.

¡Oh!, qué recuerdos tan gratos e inolvidables viví por un año en ese hogar. Nos reuníamos dos veces por semana, cantábamos y alabábamos al Señor con todo el corazón. Sin duda que experimenté el amor de Dios a través de esta familia entregada al servicio del Señor y los recuerdo con gran cariño. A través de los cantos y la Palabra de Dios fui enseñado a seguir a Cristo, solo a él. Por eso nuestro mensaje debe ser: Cristo siempre en el centro.

Es nuestra responsabilidad enseñar a todos a poner los ojos en Jesús como está escrito. Hebreos 12:2 dice:

> … puestos los ojos en Jesús, el autor y consumador de la fe, el cual por el gozo puesto delante de él sufrió la cruz, menospreciando el oprobio, y se sentó a la diestra del trono de Dios.

Si Jesús sufrió la cruz por mí, ¿acaso no podré yo también con la ayuda de Su Espíritu soportar un poco de sufrimiento mientras viva? Por supuesto que sí, con gozo estoy dispuesto a sufrir por mi Señor, al decir esto no estoy pretendiendo sonar heroico. Porque no soy ni el primero ni el último que está dispuesto a sufrir por Cristo. Somos muchos a lo largo de la historia, especialmente los primeros discípulos, que fueron hombres y mujeres valientes, que literalmente entregaron sus vidas, escuché esto de uno de ellos:

Cuentan los historiadores que cuando Policarpo de Esmirna, un discípulo de Jesús del siglo segundo, que enfrentó la persecución, antes de su martirio el procónsul trató de persuadirlo queriendo que negara su fe en Jesús y adorara al emperador para que no lo mataran, la respuesta de Policarpo fue: "Llevo ochenta y seis años sirviéndole y ningún mal me ha hecho. ¿Cómo he de maldecir a mi rey, que me salvó?".

En conclusión, en la Biblia hay más de tres mil promesas hechas por Dios a sus hijos, yo solo te he compartido 10 principios que he comprendido y aceptado. Con esto te digo que la Biblia es un tesoro invaluable, y sobre todo accesible a todo hombre, está a tu alcance, solo extiende tu mano y lo alcanzarás. Es el conocimiento y la creencia en Dios y su presencia que me ha ayudado a mí y a mi familia para salir vencedor ante el cáncer y ante cualquier otra situación que hemos enfrentado. El cáncer es una enfermedad terrible que

---

[1] Justo L. González. Historia del Cristianismo, Tomo 1. Editorial: Unilit, Miami, Florida. 1994. p. 61

aflige a miles de personas de todas las edades. La ciencia médica, los investigadores y expertos afirman que el cáncer no tiene cura. Muchos asocian la palabra cáncer con la muerte y se sienten aterrados con solo pensar o escuchar un diagnóstico como este. Lo que yo te comparto aquí no es el secreto para curar el cáncer sino el secreto para vivir una vida feliz y digna a pesar del cáncer. Cuando digo que salí vencedor ante el cáncer, no es necesariamente porque esté curado. Lo que estoy diciendo y atestiguando es que el cáncer no me ha robado el gozo de vivir y disfrutar el momento y la vida que Dios me ha dado. Eso no quiere decir que no he sufrido, por supuesto que mi familia y yo hemos sufrido, pero el gozo sigue aquí. Seguimos teniendo paz, confianza y seguridad en Dios. Puedo decir con humildad que ni la ciencia médica ni ninguna persona, enfermedad o cosa podrán separarme del amor de Dios. Y a pesar del cáncer y cualquier circunstancia seguiré creyendo y diciendo con la misma intensidad y mayor aún: Mi Dios es bueno, es grande, es poderoso y muy misericordioso. Lo amo, lo exalto y lo adoro con todo mi corazón; ahora más que nunca por todo lo que ha hecho por mí y mi familia. Nuestra fe es más firme y sólida que antes. No es una fe ciega la que experimentamos, no. Es una fe que tiene los ojos bien abiertos y puestos en Dios y sus promesas. Ahora podemos ver más claro que nunca la salvación y liberación completa que hemos recibido en Cristo Jesús. Romanos 8:37-39, dice:

> [37] *Antes, en todas estas cosas somos más que vencedores por medio de aquel que nos amó.*

38 Por lo cual estoy seguro de que ni la muerte, ni la vida, ni ángeles, ni principados, ni potestades, ni lo presente, ni lo por venir,

39 ni lo alto, ni lo profundo, ni ninguna otra cosa creada nos podrá separar del amor de Dios, que es en Cristo Jesús Señor nuestro.

Porque todo lo que es nacido de Dios vence al mundo; y esta es la victoria que ha vencido al mundo, nuestra fe.

(1 Juan 5:4)

Estas cosas os he hablado para que en mí tengáis paz. En el mundo tendréis aflicción; pero confiad, yo he vencido al mundo.

(Juan 16:33)

Como ves, ante palabras tan claras y confiables como estas, quién puede quitarme la fe y quién podrá separarme del amor tan grande y tan profundo que Dios tiene por mí. Pero, no solo por mí, sino también por ti, aunque tal vez aún no le conoces. Tienes que saber esto: Dios ama a cada uno de los seres humanos, incluso al más vil pecador. El único problema es que no todos los seres humanos reconocen y aceptan el amor que Dios tiene por ellos. Esto podría cambiar si tan solo lo conocieran, así que te invito, date la oportunidad de conocer a Dios. Deja a un lado todos tus prejuicios e ignorancia que tienes sobre él, acércate a su luz y brillará en ti. Si tienes vida aún tienes esperanza, búscale hoy, él no te rechazará, al contrario, te abrazará con todo el amor que tiene para ti.

Si bien he hablado de la realidad de la presencia de Dios en mi vida, porque tengo fe en él, también sé que hay muchos que aún dudan de que en verdad Dios exista. Hay quienes piensan que Dios es solo un invento de los hombres y nada más. Pero, ¿será eso posible?, ¿puede Dios existir o dejar de existir según la creencia de cada uno? ¿Qué es lo que me hace estar tan seguro de que Dios existe? Te invito a descubrir las respuestas a tan importantes preguntas y veamos si en verdad existe Dios o no y, si existe, cuáles son las pruebas que lo demuestran, acompáñame a descubrirlo...

Capítulo 2

FORMAS EN QUE DIOS SE HA REVELADO
¿Cómo y para qué Dios se revela?

Los cielos cuentan la gloria de Dios,
y el firmamento anuncia
la obra de sus manos.
(Salmo 19:1)

Mientras los hombres debaten, discuten e investigan afanosamente, y gastan millones de dólares para descubrir el origen de la vida, la Biblia sigue diciendo desde hace miles de años a todos los hombres: "En el principio creó Dios los cielos y la tierra" (Génesis 1:1). Pero es esta declaración bíblica fundamental la que los hombres cuestionan y rechazan. No quieren aceptar esta verdad y se niegan a creerla, sencillamente porque para ellos no tiene sentido. En sus mentes no tiene sentido una declaración tan simple como esta. El motivo del rechazo es porque, según ellos, lo que Génesis 1 y 2 dice sobre la creación es imposible. Sus mentes no alcanzan a comprender cómo es posible que un solo Dios (que es invisible y que nunca hemos visto) lo haya creado todo de la nada en tan solo seis días. Pero por supuesto que, para nosotros, simples mortales, es imposible alcanzar a comprender con nuestras mentes limitadas lo que leemos en Génesis 1 y 2 sobre la creación. Nosotros no somos Dios, somos hombres creados por él. Para nosotros hay muchas cosas imposibles y difíciles de hacer y aun de entender, pero para Dios no. Poner esto como excusa para no aceptar y creer esta verdad es absurdo. Si lo entendiéramos todo a la perfección entonces ya no seríamos hombres, sino Dios. Pero para ser honestos estamos muy lejos de serlo.

Lo acepto y nadie puede negar que Génesis 1 y 2 no tiene todas las respuestas a todas nuestras preguntas. Tenemos más preguntas en nuestras mentes que respuestas sobre la creación. Pero eso no debe ser obstáculo para creer lo que la Biblia dice. Quién puede esperar que, en tres páginas, Dios nos explicara todo lo que hizo y cómo hizo su obra completa. ¿Acaso no hemos visto e incluso leído libros de ciencia?, volúmenes enormes solo para explicar el funcionamiento de átomos, moléculas y células. ¿Quién podría entender toda la ciencia que Dios usó para crear el universo. ¿Quién se tomaría el tiempo para leer mil o diez mil libros si Dios los hubiera escrito para explicarnos todo? Por ejemplo, si Dios hubiera escrito un libro para explicarnos cómo y por qué creo un elefante, y así con cada animal que él creó… ¿sabes cuántas especies de animales existen?, ¿cuántos libros tendríamos que leer? Ni siquiera leemos los sesenta y seis libros que tenemos. Así que el hecho que el libro de Génesis no responda a todas nuestras preguntas sobre la creación, no quiere decir que el libro sea poco confiable y que deba rechazarse por ello. Además, ¿debería Dios darnos cuenta y explicación de todo lo que hizo a nosotros simples mortales? ¿En verdad entenderíamos todo si él nos lo explicara? ¿Podrá nuestra mente finita entender lo infinito de Dios? ¿Somos nosotros más grandes que él? ¿Dejará de existir Dios porque el hombre lo niegue? ¿Dejará de ejercer su influencia y poder sobre el mundo que él creó? La Biblia es clara y veraz en su mensaje y en lo que quiere transmitir, aunque muchos afirmen lo contrario. Aun con todas nuestras limitaciones y defectos, Dios, siendo infinito y perfecto, nos invita a conocerle, pero debemos acercarnos a él, no alejarnos. Eso es lo que cada uno de nosotros deberíamos hacer. En vez de alejarnos de Dios por lo que no entendemos, deberíamos acercarnos más a él, de esa manera se abrirían nuestros ojos y oídos espirituales, para comprender lo que jamás entenderíamos si nos alejamos de él y le negamos.

Cuando rechazamos la Biblia solo porque no entendemos todo lo que dice y enseña, estamos demostrando nuestra inconsistencia a la hora de juzgar. Porque hay muchas cosas que no entendemos ni podemos explicar, pero aun así las usamos y nos beneficiarnos de ellas. Por ejemplo, muchos de nosotros no entendemos cómo un avión vuela y se sostiene en el aire, pero aun así los usamos y disfrutamos de sus beneficios. Imagínate que una persona antes de abordar el avión le dijera al piloto: "Si no me explica cómo mantendrá el avión en el aire durante todo el vuelo no me subiré". ¿Acaso el piloto está obligado a darle una explicación?, por supuesto que no. Es muy probable que esa persona jamás se suba a un avión. Otro ejemplo es el teléfono celular, ¿acaso usted entiende exactamente cómo es posible que su voz viaje en el aire cientos de kilómetros y alguien al otro lado del mundo pueda escuchar y reconocer su voz claramente? En verdad que no entiendo cómo es eso posible, pero no me atrevería a decir que algo así no es posible o no existe. Si lo hago sería considerado un necio, un tonto o un loco.

Estoy convencido de esto, para saber y entender lo que no sé, es necesario el estudio. Así que, si quiero entender cómo vuela un avión y cómo se sostiene en el aire, necesito estudiar aeronáutica. Y si quiero saber cómo mi voz se trasmite por medio de un teléfono inalámbrico, necesito estudiar telecomunicaciones. Estoy seguro de que después de estudiar entenderé mejor lo que ahora ignoro y desconozco. Es así de simple. De la misma manera, podemos utilizar este principio. Si queremos conocer la verdad de Dios y saber más sobre él, necesitamos estudiar Teología. Para eso nos fue dada la inteligencia, para estudiar y llegar a conocer aquellas cosas que, de otro modo, nos serían desconocidas. Ahora imagínese que yo deseo estudiar aeronáutica o telecomunicaciones, o cualquier rama o ciencia de mi interés, jamás podría llegar a ser un buen estudiante si no soy humilde y dejo a un lado todos mis prejuicios preconcebidos. No puedo llegar a un salón de clases como estudiante y querer enseñarles a los profesores en materia de lo que ellos saben más que yo. Necesito ser humilde, sentarme y escuchar con atención si quiero aprender. De lo contrario será una pérdida de tiempo. Lo mismo sucede para aquellos que quieran descubrir la verdad de Dios, necesitan dejar sus prejuicios y humillarse ante él si desean escuchar su voz, de lo contrario no sucederá. Como hombres nos falta humildad, muchos no se dejan enseñar porque tienen ideas equivocadas de Dios y antes de siquiera escuchar la verdad ya la han rechazado. Es por eso que no entienden, porque no leen por ellos mismos lo que la Biblia enseña. Simplemente se han quedado con una mala información y mala imagen de quién es y cómo es Dios.

El Salmo 138:6 dice: "Porque Jehová es excelso, y atiende al humilde, mas al altivo mira de lejos". Si queremos acercarnos y alcanzar el conocimiento de Dios, necesitamos ser humildes. Con soberbia no conseguiremos nada. Es más, ni siquiera nosotros queremos estar cerca de una persona que es altiva, soberbia y orgullosa. Nadie quiere ser amigo del orgulloso, al menos yo no, pero nos agrada estar cerca de una persona que es de un espíritu humilde, sencillo.

Empezaremos a disfrutar de la paz y la comunión con Dios, no cuando entendamos todo, sino cuando aceptamos por la fe lo que su Palabra dice. Empezando por aceptar lo que Génesis 1:1 declara: "En el principio creó Dios los cielos y la tierra". Esto es básico y fundamental, lo primero que se dice de Dios en su Palabra es que él es el creador de todas las cosas. Ésta poderosa verdad ha traído paz, descanso y esperanza a millones y millones de personas en todo el mundo desde tiempos antiguos. Y es que cuando consideramos la obra de la creación y vemos a nuestro alrededor un mundo tan maravilloso, no hay otra explicación más razonable y justa que aceptar por la fe que alguien superior a nosotros es el causante y el origen de todas las cosas. Ese ser superior y extraordinario es Dios. Él es real y se revela a sí mismo en dos formas o maneras: la primera, es a través de su Creación; y la segunda, es a través de su Palabra escrita. Veámoslo a continuación.

Los cielos cuentan la gloria de Dios, Y el firmamento anuncia la obra de sus manos. Salmo 19:1

A TRAVÉS DE LA REVELACIÓN GENERAL

Toda la naturaleza es admirable (la naturaleza que hizo Dios, no lo que el hombre ha hecho de la naturaleza). Sí, así es, no hace falta ser experto en ciencia para reconocer que la creación es sorprendente. Tanto los microorganismos como los macroorganismos, todos funcionan perfectamente. Todo es maravilloso y nadie lo puede negar. Un ejemplo es nuestro cuerpo. Cada uno de nosotros estamos compuestos de sistemas que funcionan coordinada y perfectamente de manera increíble. Cada pieza está en su lugar y funciona como debe ser, tanto es así que ni siquiera nos damos cuenta de lo vitales y útiles que son los miembros de nuestro cuerpo, hasta que nos enfermamos. Solo por mencionar algunos de los sistemas que funcionan coordinadamente en nosotros: el sistema respiratorio, el sistema nervioso, el sistema sanguíneo, el sistema óseo, el sistema digestivo, etc. Gracias a ellos hoy estás vivo y respirando, eres algo sorprendente, eres increíble, eres un milagro, créelo porque es verdad.

Pero, si aún no te has admirado del funcionamiento de tu cuerpo, al menos en algún momento has admirado algo de la creación. Algo ha captado tu atención y te ha maravillado, ya sea mientras dabas un paseo o visitabas un lugar. Por ejemplo, el canto de un ave, la inmensidad del océano, lo majestuoso de una montaña, el olor de las flores, un paisaje, un amanecer, un atardecer, una noche estrellada, etc. De alguna manera podemos reconocer que la obra de la creación era perfecta, aunque ahora no lo es, pero aún quedan indicios de que un día lo fue. Esto es porque Dios se ha dado a conocer a nosotros por medio de la naturaleza, obra de su creación. Como Francis Bacon dijo: "Dios, de hecho, ha escrito dos libros, no solo uno. Por supuesto, todos estamos familiarizados con el primer libro que escribió, es decir, las Escrituras. Pero él escribió un segundo libro llamado creación".

En la Escritura, uno de los pasajes que expresa claramente la revelación natural de Dios es el Salmo 19:1, que dice: "Los cielos cuentan la gloria de Dios, y el firmamento anuncia la obra de sus manos". Es decir, Dios se deja ver por medio de las cosas que él hizo. Hay una voz silenciosa en toda la creación, en la naturaleza y en todo lo que podemos apreciar por medio de nuestros sentidos. Los cielos, las estrellas, los planetas y todo lo que hay en ellos dan testimonio del poder y la gloria del creador. El firmamento habla sin decir una sola palabra y nos dice cosas a todos los hombres de cualquier pueblo, lengua y nación. Todo lo que ven, y aun lo que no pueden ver, es obra de Dios. Hay sabiduría, hay inteligencia en toda la creación, donde quiera que se fijen nuestros ojos encontraremos la huella del Dios invisible. Porque cada ser que existe habla sin palabras acerca de su creador.

El apóstol Pablo escribió lo siguiente en la carta a los Romanos 1:19-20:

[19] *porque lo que de Dios se conoce les es manifiesto, pues Dios se lo manifestó.*

²⁰ Porque las cosas invisibles de él, su eterno poder y deidad, se hacen claramente visibles desde la creación del mundo, siendo entendidas por medio de las cosas hechas, de modo que no tienen excusa.

Pablo declara que Dios se revela a sí mismo ante nuestros ojos por medio de su creación. Creo que el texto es tan claro que no necesita explicación. Es tan simple lo que dice que cualquier persona puede comprenderlo. Las cosas invisibles, es decir, aquello que no podemos ver de Dios, como su eterno poder y deidad, se despliegan y se hacen claramente visibles en la creación del mundo. Y podemos entender eso por medio de lo que él hizo, de modo que los hombres no tienen excusa cuando niegan la existencia de Dios porque no pueden ver físicamente su aspecto.

Imagínate que mientras alguien visita la capilla Sixtina en la ciudad del Vaticano queda impresionado con el arte y sobre todo con la pintura que se encuentra en su interior y pregunta ¿Quién ha hecho esto? A lo cual le responden Miguel Ángel. y luego añade yo no creo que él haya hecho esto, ¿Quién es Miguel Ángel? ¿Cómo lo hizo? ¿Dónde está él? ¿Cómo están seguros de que él hizo esto?, a lo cual le volverían a responder, los que lo vieron dan testimonio de ello, la historia lo registra y son pruebas suficientes para creerlo. Así también nosotros ahora no podemos negar la obra maestra hecha por Dios, aunque no lo veamos. Pero, la creación revela su existencia.

Entonces, ¿qué es la revelación general?

La revelación general es universal, pues está abierta delante de todos los hombres para su estudio y reflexión y así ha permanecido desde siempre en todas las épocas. Calvino lo expreso de esta manera: "Dios ha inscrito en cada una de sus obras ciertas notas y señales de su gloria tan claras y tan excelsas, que ninguno por ignorante y rudo que sea, puede pretender ignorancia".

La existencia de un mundo material es prueba y evidencia de la inteligencia y lo sobrenatural que es Dios. Muchos hombres de la antigüedad contemplaron y pensaron la creación y reconocieron y atribuyeron todo a la obra de Dios. Ellos pasaron a la historia como hombres sabios, entre ellos: Job, David, Salomón y muchos más. ¿Podría alguien decir que ellos se equivocaron al atribuirle a Dios la creación? Por supuesto que no, más bien descubrimos que cuando se olvidaron de reconocer a Dios como el creador, sus vidas tomaron el rumbo equivocado y comenzaron a vivir de una manera que deshonraba a su creador y por eso experimentaron el mayor dolor y sufrimiento en sus vidas. Ellos no contaban con los avances científicos y tecnológicos que nosotros tenemos ahora, pero podían intuir y saber muy dentro de su ser que toda la creación era obra de alguien superior a ellos.La ciencia y la tecnología con las que contamos hoy no se oponen ni niegan a Dios, más bien nos comprueban y revelan con mayor precisión lo poderoso y sobrenatural que es él. Esto es una prueba de lo que ellos dijeron. David escribió en el Salmo 8:3-9, lo siguiente:

3 Cuando veo tus cielos, obra de tus dedos,

La luna y las estrellas que tú formaste,

4 Digo: ¿Qué es el hombre, para que tengas de él memoria,

Y el hijo del hombre, para que lo visites?

5 Le has hecho poco menor que los ángeles,

Y lo coronaste de gloria y de honra.

6 Le hiciste señorear sobre las obras de tus manos;

todo lo pusiste debajo de sus pies:

7 Ovejas y bueyes, todo ello,

Y asimismo las bestias del campo,

8 Las aves de los cielos y los peces del mar;

Todo cuanto pasa por los senderos del mar.

9 ¡!Oh Jehová, Señor nuestro,

Cuán grande es tu nombre en toda la tierra!

En el Salmo 19:1-4:

1 Los cielos cuentan la gloria de Dios,

Y el firmamento anuncia la obra de sus manos.

2 Un día emite palabra a otro día,

Y una noche a otra noche declara sabiduría.

3 No hay lenguaje, ni palabras,

Ni es oída su voz.

4 Por toda la tierra salió su voz,

Y hasta el extremo del mundo sus palabras.

En ellos puso tabernáculo para el sol.

Grau, José (1973) Introducción a la Teología. Barcelona, España: Editorial Clie. p. 68

Y en el Salmo 100:3:

> ³ *Reconoced que Jehová es Dios;*
> *El nos hizo, y no nosotros a nosotros mismos;*
> *Pueblo suyo somos, y ovejas de su prado.*

Por su parte, Salomón, hijo de David, escribió esto en Proverbios 3:19-20.

> ¹⁹ *Jehová con sabiduría fundó la tierra;*
> *Afirmó los cielos con inteligencia.*
> ²⁰ *Con su ciencia los abismos fueron divididos,*
> *Y destilan rocío los cielos.*

Y estas son algunas de las palabras de Job en Job 26:7-14 (NTV):

> ⁷ *Dios extiende el cielo del norte sobre el espacio vacío*
> *y cuelga a la tierra sobre la nada.*
> ⁸ *Envuelve la lluvia con sus densas nubes*
> *y las nubes no estallan con el peso.*
> ⁹ *Él cubre el rostro de la luna*
> *y la envuelve con las nubes.*
> ¹⁰ *Él creó el horizonte cuando separó las aguas;*
> *estableció los límites entre el día y la noche.*
> ¹¹ *Los cimientos del cielo tiemblan;*
> *se estremecen ante su reprensión.*
> ₁₂ *El mar se calmó por su poder;*
> *con su destreza aplastó al gran monstruo marino.*

¹³ Su Espíritu hizo hermosos los cielos,
y su poder atravesó a la serpiente deslizante.
¹⁴ Eso es solo el comienzo de todo lo que él hace,
apenas un susurro de su poder.
¿Quién podrá, entonces, comprender el trueno de su
poder?

Esto es una fracción mínima de lo que estos hombres escribieron. Te recomiendo leer más de ellos en la Biblia, así descubrirás cuán amplia y profunda es la Palabra, tanto que necesitarás pasar un buen tiempo para meditar en ello, pero valdrá la pena todo el tiempo invertido.

Ahora, si bien es cierto que los hombres pueden intuir y deducir que hay un creador a través de la naturaleza, también es cierto que ese conocimiento no es suficiente para satisfacer las cuestiones básicas de nuestra existencia, como por ejemplo nuestro origen, propósito, moralidad y destino. Estas cuestiones no las podemos descubrir a través de la revelación natural. Por lo tanto, debe haber algo más que nos ayude en esto. Y, efectivamente, Dios nos ha dado una revelación más profunda de su persona que nos ayuda a responder cada una de estas importantes preguntas. Esa revelación se conoce como la revelación especial. Veamos qué es y cómo funciona.

A TRAVÉS DE LA REVELACIÓN ESPECIAL

David en el Salmo 19 describe de manera breve y clara los dos tipos de revelación de la que estamos hablando. De los versículos 1 al 6 habla de la revelación general de Dios a través de la naturaleza. De los versículos 7 al 10 habla de la revelación especial, es decir la Palabra escrita de Dios y concluye el resto del capítulo reflexionando en los beneficios que esto trae para la vida del hombre. Además, en el Salmo 119 (el capítulo más largo en la Biblia) se expande y se desborda hablando de la excelencia de la Palabra de Dios. Sin duda el Salmo 119 es una belleza literaria y es un deleite meditar en torno a él. La traducción The Messege dice así del Salmo 19:7: "La revelación de Dios es completa y pone nuestras vidas juntas. Los señalamientos de Dios son claros y apuntan al camino correcto".

La ley de Jehová es perfecta, que
convierte el alma;
El testimonio de Jehová es fiel, que
hace sabio al sencillo.
Salmo 19:7

Pero ¿a qué revelación se refiere David? A las Sagradas Escrituras (La Biblia). Ahora, es importante que sepas esto, si no hubiéramos pecado no habría necesidad de la Biblia. Porque Dios hablaría con nosotros y nosotros con Dios directamente, sin necesidad de la mediación de los Textos Sagrados. Pero desafortunadamente no es así, nos apartamos de Dios cuando escogimos pecar. Es por eso que la Biblia tiene un valor incalculable y debemos estar agradecidos por ella, quienes la saben apreciar estarán de acuerdo conmigo. Entonces el valor de la Biblia radica en que el Creador y Eterno se revela a sí mismo y nos deja expresa su voluntad y sus propósitos para nuestras vidas. De esa manera no tenemos que inventar ni adivinar nuestro propósito y finalidad. Todo está revelado claramente en su Palabra. Es importante esta característica del Creador, él habla y se comunica con nosotros en nuestro idioma, en un lenguaje que podemos entender (no tenemos que decodificar su mensaje). Así que quienes nos deleitamos al sumergirnos en las profundidades de la Palabra de Dios podemos decir, como el gran reformador Martin Lutero: "¡Oh! ¡Si la providencia me diese un libro como éste, sólo para mí!".

¿No es esto maravilloso?, podemos ver a Dios por medio de la naturaleza y, mejor aún, podemos oír y conocer a Dios por medio de su Palabra. Así es, usted, yo y cada ser humano podemos tener una relación personal e íntima con nuestro creador, aunque ahora no podamos verlo.

Es sorprendente cómo David, hace más de dos mil años atrás, comprendió y escribió una afirmación y verdad como esta: "La revelación de Dios es completa y pone nuestras vidas juntas. Los señalamientos de Dios son claros y apuntan al camino correcto". Lo primero que dice es que su Palabra es tan completa que ellas son todo lo que necesitamos para que nuestras vidas sean completas y llenas de significado. Cuando dice que pone nuestras vidas juntas, da a entender y reconoce que nuestras vidas sin Dios están regadas y desordenadas y en verdad lo están. Pero, cuando pasamos tiempo meditando y conociendo a Dios, por medio de su Palabra, entonces nuestras vidas empiezan a ordenarse y a componerse. Lo siguiente que David dice es que la Palabra de Dios es tan clara que no hay nadie que no pueda entenderla (si la estudia por supuesto) y siempre nos da instrucciones que nos apuntan al camino correcto por el cual debemos andar y que nunca debimos haber dejado.

Pero, ¿qué es la Biblia? La Biblia es el conjunto de los 66 libros canónicos e inspirados (39 del Antiguo Testamento y 27 del Nuevo Testamento). La Biblia fue escrita por hombres escogidos por Dios. Su mensaje es universal, trasciende las barreras del tiempo y la cultura. En ella podemos descubrir nuestro pasado, presente y nos revela y prepara para el futuro. Muchos creen que la Biblia es un libro para gente religiosa y holgazana que no piensa y que creen todo sin analizarlo. Es todo lo contrario, es más, me atrevo a decir que solo los que no piensan son ateos, porque con toda la evidencia que la Biblia presenta sobre Dios es imposible no creer en él. Debo decir también que la Biblia no es un libro de ciencia netamente, pero contiene y habla de ciencia, sabiduría e inteligencia y nunca se opone a ella. No es un libro de ficción, aunque muchas de sus historias son increíbles y fascinantes, son historias reales. No es un libro de opiniones, sino de convicciones y declaraciones de hombres y mujeres de fe (el Dr. Ravi Zacharias dice: "la diferencia entre una opinión y una convicción es que una opinión es algo que tú sostienes y una convicción es algo que te sostiene a ti"). No es un libro con un lenguaje codificado ni oculto, sino todo lo contrario, es un libro escrito en un lenguaje sencillo y claro para que lo podamos entender, ese es el propósito por el cual fue escrito. No es un libro exclusivo para ciertas personas o un grupo selecto solamente. Es el libro de Dios, le pertenece a él, por lo tanto, es universal y está al alcance de todos los hombres de todos los tiempos.

Orlando Boyer. Biografiase de grandes cristianos, Tomo 1. Editorial Vida, Deerfield, Florida. p. 20

Como sé que muchos cuestionan la autoridad y la veracidad de la Palabra de Dios, quiero considerar de manera sencilla y rápida tres pasajes, que tratan sobre el origen y el propósito de las Escrituras.

El primer pasaje es 2 Timoteo 3:16-17, y dice así:

> [16] *Toda la Escritura es inspirada por Dios, y útil para enseñar, para redargüir, para corregir, para instruir en justicia,*
> [17] *a fin de que el hombre de Dios sea perfecto, enteramente preparado para toda buena obra.*

Lo primero que el apóstol Pablo dice es que Toda la Escritura es inspirada por Dios. Es decir, desde Génesis hasta Apocalipsis, los 66 libros de la Biblia, son inspirados por Dios, por lo tanto, toda la Biblia es Palabra de Dios. Aun cuando lo que está escrito no sea de nuestro agrado y no estemos de acuerdo con lo que dice. Debemos entender que Dios no pide ni necesita nuestra aprobación, tampoco busca nuestra simpatía ni nuestra complacencia. Dios mandó a sus siervos a que escribieran lo que él quería que escribieran, solamente lo necesario para nosotros, no más, no menos. Pablo menciona cuatro metas que Dios se propone alcanzar a través de su Palabra:

1. Enseñar. Dios es Maestro por excelencia. Es el Maestro más consistente, veraz, capaz y preciso, tiene mucho que enseñarnos, para eso se reveló en su Palabra.

Necesitamos aprender de él si hemos de vivir una vida que le agrade. Pero debemos acercarnos a él en humildad, y reconocer nuestra ignorancia y necesidad, si hemos de ser enseñados por él. Lo maravilloso es que es un Maestro personal, enseña a cada uno de sus hijos individualmente. Hay abundante sabiduría y enseñanza en Dios, acércate a él.

2. *Redargüir.* Quiere decir amonestar a alguien con el propósito de corregirlo. Dios nos hace saber, por medio de su Palabra, las cosas que están mal en nuestras vidas con la finalidad de que hagamos algo al respecto. Su Palabra es como un espejo para nosotros, refleja todas nuestras imperfecciones. La Biblia es un libro que nos hace sentir incomodos, porque nos dice la verdad. Es como rayos X, revela lo que hay en nuestro interior, en la mente y el corazón. Me atrevo a decir que es por esta razón que muchos dejan de leer la Biblia y se apartan. Como dijo el profesor Howard Hendricks "Este libro (la Biblia) te apartará del pecado o el pecado te apartará de este libro."

3. *Corregir.* Dios quiere cambiarnos, porque sabe que estamos mal. Nuestro mundo está al revés y tenemos la perspectiva equivocada de la vida. Por ejemplo: damos más importancia a lo material que a lo espiritual, amamos y valoramos más a las cosas que a las personas, vivimos como si nunca fuéramos a morir y morimos como si nunca fuéramos a vivir. De poco o de nada sirve saber lo que está mal en nuestras vidas y no hacer nada al respecto.

Por eso es necesario hacer los cambios. No basta con saber, es necesario hacer y obedecer lo que la Palabra de Dios nos dice. Para cambiar nuestro carácter es necesario cambiar: nuestros pensamientos, palabras y acciones. Dios quiere hacer un cambio profundo en nosotros y eso se logra cuando obedecemos su Palabra. Cuando somos expuestos a la Palabra de Dios correctamente, estos son los efectos que produce en nosotros: Habla al intelecto, toca las emociones y cambia la voluntad.

4. Instruir en justicia. La palabra justicia, según el diccionario, es el principio moral que inclina a obrar y juzgar respetando la verdad y dando a cada uno lo que le corresponde. Para ser honestos, tenemos problemas con esto, una cosa es saber lo que es correcto y otra cosa es hacer lo que es correcto. Especialmente en nuestros días donde cada uno forma su propia moral. Necesitamos la perspectiva bíblica de lo que es correcto y no de lo que a nosotros nos parece que es correcto. Estamos viviendo tiempos de crisis de justicia donde los hombres "a lo malo dicen bueno y a lo bueno, malo" (Isaías 5:20). Pero Dios es justo y nos quiere instruir en su justicia, aprendamos.

El segundo pasaje es 2 Pedro 1:19-21, dice así:

19 Tenemos también la palabra profética más segura, a la cual hacéis bien en estar atentos como a una antorcha que alumbra en lugar oscuro, hasta que el día esclarezca y el lucero de la mañana salga en vuestros corazones;

[20] entendiendo primero esto, que ninguna profecía de la Escritura es de interpretación privada,

[21] porque nunca la profecía fue traída por voluntad humana, sino que los santos hombres de Dios hablaron, siendo inspirados por el Espíritu Santo.

El apóstol Pedro, en esta última carta, escribe exhortando a la iglesia y a todo creyente a permanecer firme en la fe. Puesto que las enseñanzas que hemos recibido no son cuentos, ni fabulas inventadas por los hombres, sino verdades y promesas hechas por Dios mismo. En dichas promesas podemos confiar y descansar. En los versos anteriores a estos, Pedro habla de la experiencia que él, Jacobo y Juan tuvieron en el monte de la transfiguración (Mateo 17:1-13). Pero el apóstol nos pide que no solo confiemos en su experiencia personal con Jesús; más bien, esto es lo que Pedro dice de la profecía bíblica:

1. ***Es la más segura.*** Todo lo que Dios ha dicho de sí mismo y de nosotros ha resultado cierto; se ha cumplido cada palabra y la que aún no se ha cumplido, se cumplirá. Por lo tanto, podemos confiar en las Escrituras. El tiempo las ha probado una y otra vez y han resultado ser confiables. Jesús dijo que ni una jota, ni una tilde de la ley dejaría de cumplirse (Mateo 5:17-18). Todo lo que está escrito en la Biblia se cumplirá, puedes contar con ello.

2. *Hacemos bien al prestar atención a ella.* Pedro dice que las Escrituras tienen el mismo efecto que una antorcha en lugar obscuro, alumbra. Así es, leer, estudiar y meditar en la Palabra de Dios nos hace bien, ilumina nuestro entendimiento para mirar bien el camino. Hasta un ciego puede ver que el mundo en que vivimos está en tinieblas, así que la única manera de no tropezar y caer en la obscuridad es andando a la luz de la Palabra de Dios. El salmo 119:105 dice: "Lámpara es a mis pies tu palabra, y lumbrera a mi camino". Y el verso 130, dice: "La exposición de tus palabras alumbra; hace entender a los simples". ¿A caso alguien podría decir que no necesita encender la luz cuando entra a un cuarto obscuro?, pues así de imprescindible es la Palabra de Dios en nuestras vidas para no tropezar en este mundo. Nos hace bien no despegar nuestra mirada de la Palabra de Dios.

3. *No es de interpretación privada.* Esto quiere decir que todos podemos estudiar y entender lo que Dios quiere y pide de nosotros, siempre y cuando estemos dispuestos a recibir con humildad sus enseñanzas. Él dio dones y ministerios a su iglesia, estableció pastores y maestros para que enseñen a su pueblo el significado de sus palabras. Aunque no todos llegaremos a ser maestros, pero sí todos podemos comprender el significado de la Biblia. Nos ha dado de su Espíritu Santo y podemos entender su mensaje.

4. *No fue por voluntad humana sino Divina.* Quienes escribieron los libros del Antiguo y Nuevo Testamento no

lo hicieron porque a ellos se les ocurrió hacerlo, lo hicieron porque fueron inspirados, impulsados y dirigidos por el Espíritu de Dios. Fue la voluntad de Dios la que ellos dejaron escrita. Eso es lo que Pedro dice: que los santos hombres de Dios hablaron cuando fueron inspirados por el Espíritu Santo. Esa es la gran diferencia entre los libros sagrados y los que no lo son. Los libros que pertenecen al canon de la Escritura tienen autoridad porque emanan de Dios.

El tercer pasaje es Hebreos 1:1-3, que dice:

1 Dios, habiendo hablado muchas veces y de muchas maneras en otro tiempo a los padres por los profetas, 2 en estos postreros días nos ha hablado por el Hijo, a quien constituyó heredero de todo, y por quien asimismo hizo el universo; 3 el cual, siendo el resplandor de su gloria, y la imagen misma de su sustancia, y quien sustenta todas las cosas con la palabra de su poder, habiendo efectuado la purificación de nuestros pecados por medio de sí mismo, se sentó a la diestra de la Majestad en las alturas, 4 hechos tanto superior a los ángeles.

En la introducción a esta carta, se afirman dos medios por los cuales Dios nos ha hablado:

1. ***Dios nos habló por medio de los profetas.*** Lo primero que el escritor dice es que Dios nos ha hablado a través de los profetas del Antiguo Testamento, y no lo ha hecho una, ni dos, ni tres, sino muchas veces. Así como también de muchas maneras, para ser honesto Dios ha usado una gran variedad de formas para hablarnos. Incluso en una ocasión usó a un burro para hablarle a un profeta (Números 22:28-32), en otra, a una ballena para hablarle a otro profeta (Jonás 1:17). Estos solo son dos ejemplos, pero podemos estar seguros de que Dios tiene mucha más imaginación que nosotros y nos puede hablar de muchas formas y maneras, es un hecho.

2. *Últimamente Dios nos ha hablado por medio de su Hijo.* Esto se pone cada vez mejor, primero Dios se reveló a nosotros por medio de su creación, luego a través de sus profetas, pero no era todo. Aún había una revelación más que Dios quería darnos, que ni Moisés, ni David, ni Isaías, ni ninguno profeta del Antiguo Testamento nos pudieron dar. Esa es la revelación que Dios haría de sí mismo, es decir, él vendría en persona y se revelaría a nosotros, por medio de su Hijo, Jesucristo. Era precisamente eso lo que Dios había dicho a través de sus profetas, por ejemplo, en Isaías 35:4, Dios dijo: "Decid a los de corazón apocado: esforzaos, no temáis; he aquí que vuestro Dios viene con retribución, con pago; Dios mismo vendrá, y os salvará". Cuando Jesús vino tuvo una reunión en privado con sus discípulos, después de la última cena y antes de ser arrestado. En Juan 14:1-11 (RVA-2015), Jesús les dijo:

[1] *No se turbe el corazón de ustedes. Creen en Dios; crean también en mí.*

² *En la casa de mi Padre muchas moradas hay. De otra manera, se los hubiera dicho. Voy, pues, a preparar lugar para ustedes.*

³ *Y si voy y les preparo lugar, vendré otra vez y los tomaré conmigo para que donde yo esté ustedes también estén.*

⁴ *Y saben a dónde voy, y saben el camino.*

⁵ *Le dijo Tomás:*

—*Señor, no sabemos a dónde vas; ¿cómo podemos saber el camino?*

⁶ *Jesús le dijo:*

—*Yo soy el camino, la verdad y la vida; nadie viene al Padre sino por mí.*

⁷ *Si me han conocido a mí, también conocerán a mi Padre; y desde ahora lo conocen y lo han visto.*

⁸ *Le dijo Felipe:*

—*Señor, muéstranos el Padre y nos basta.*

⁹ *Jesús le dijo:*

—*Tanto tiempo he estado con ustedes, Felipe, ¿y no me has conocido? El que me ha visto, ha visto al Padre. ¿Cómo, pues, dices tú: "Muéstranos el Padre"?*

¹⁰ *¿No crees que yo soy en el Padre y el Padre en mí? Las palabras que yo les hablo, no las hablo de mí mismo sino que el Padre que mora en mí hace sus obras.*

¹¹ *Créanme que yo soy en el Padre, y el Padre en mí; de otra manera, crean por las mismas obras.*

Cada palabra que salió de la boca de Jesús es significativa, pero la revelación que hace aquí tiene un peso y un impacto trascendente, que sacudió las mentes de los religiosos judíos de su tiempo y de cualquier otra época. Creo que no hay revelación más grande que esta que Jesús acaba de hacer. Nunca antes en la historia bíblica alguien se atrevería a hablar así. Recuerda, los profetas hablaron en nombre de Dios, ahora Jesús es Dios mismo hablando, esa es la gran diferencia. Cuando Jesús dijo: "el que me ha visto a mí, ha visto al Padre". Jesús declara unidad e igualdad con el Padre. Anteriormente los fariseos habían tratado de matar a Jesús acusándolo de blasfemia al declararles que él era igual a Dios (Juan 5:18). Pero los judíos estaban cometiendo un error al acusar a Jesús de blasfemia, porque Jesús dijo la verdad. Entonces, ver a Jesús es ver al Dios eterno, al creador del universo, al Todopoderoso. Jesús es la última y más grande revelación del Dios hasta ese entonces invisible. Él es el Verbo de Dios (Juan 1:1-5).

A continuación, te comparto un escrito anónimo que recibí en una de mis clases sobre predicación expositiva, en el Southern Baptist Theological Seminary, dictada por el profesor Miguel Núñez:

La Biblia contiene la mente de Dios, la condición del hombre, el camino de salvación, la condenación de los pecadores, la felicidad de los creyentes. Sus doctrinas son santas, sus preceptos son mandatorios, sus historias son verdaderas y sus decisiones inmutables. Léela para ser sabio, créela para ser seguro y practícala para ser santo. Ella es el mapa del viajero, el cayado del peregrino, la brújula del piloto, la espada del soldado y la constitución del cristiano. En ella el paraíso es restaurado, los cielos abiertos, las puertas del infierno desenmascaradas. En la Biblia Cristo es el gran tema, nuestro bien es el diseño y la gloria de Dios su meta. Ella debe llenar tu memoria, gobernar tu corazón y guiar tus pasos. Léela lentamente, frecuentemente y devocionalmente. Es una fuente de riqueza, un paraíso de gloria y un río de placer. Se te da en vida, se abrirá en el juicio y será recordada para siempre. Involucra la más alta responsabilidad, recompensará la más grande labor y condenará a todos aquellos que mofan su contenido sagrado. Por esto, ninguna iglesia podrá levantarse y sobrevivir sin la autoridad, la guía y la luz de la Palabra de Dios.

En conclusión, el apóstol Pablo dijo que las Escrituras son útiles porque fueron dadas por inspiración Divina, con el propósito de enseñarnos, redargüirnos, corregirnos e instruirnos en justicia. El apóstol Pedro dijo que las Escrituras son la mayor seguridad que tenemos y que fue Dios quien habló por medio de los profetas, además agregó que nos hace bien prestar atención a ellas y que todos podemos entenderlas. El escritor dijo a los Hebreos que Dios nos ha hablado muchas veces y de muchas maneras, mediante los profetas del Antiguo Testamento. Y ahora, en estos postreros días, nos ha hablado por medio de su Hijo, Jesús, quien es el heredero de todo y por medio de quien hizo el universo.

Con todo esto que se dice de las Escrituras, los hombres impíos e ignorantes dicen que las Escrituras no son confiables. Por favor, si esto no es confiable, entonces díganme qué es.

¿Acaso hay alguien que pueda ser más confiable que Dios? ¿Acaso Pablo, Pedro, Jesús y todos los profetas son mentirosos? No lo creo, fueron personas tan confiables que cada uno de ellos estuvo dispuesto a entregar sus vidas por defender la verdad que predicaban. Y me gozo por el valor, el carácter y la determinación que tuvieron. Todos ellos son hombres de verdad, hombres confiables, hombres que hablaron en nombre de Dios y de parte de Dios, leámoslos con atención.

La Palabra de Dios es autoritativa porque emana de él; sus enseñanzas son claras, cualquiera que se rinda a sus pies las puede entender; es necesaria, sin ella no podemos saber nada más específico de Dios; y, además, es suficiente, es todo lo que necesitamos, nada más, nada menos.

Hemos visto que Dios se reveló a nosotros a través de la naturaleza y a través de su Palabra (la Biblia). Ahora tenemos que responder a la pregunta: ¿para qué Dios se reveló a nosotros?, ¿con qué propósito y finalidad lo hizo? Si ya sabemos que Dios existe, que creó el universo y nos creó a nosotros, ahora es importante también saber y descubrir para qué o con qué propósito nos creó. Eso es lo que descubriremos a continuación.

*Los dos días más importantes de tu
vida son: el día en que naciste y el día
en que descubres el por qué naciste.*
Mark Twain

DESCUBRIENDO NUESTRO PROPÓSITO

¿Para qué Dios nos creó?

Todos en algún momento en la vida nos hemos preguntado ¿Cuál es el propósito para mi vida? ¿Para qué estoy aquí? Esta pregunta básica sobre la existencia debe llevarnos a una búsqueda intensa, concienzuda y sincera, y nadie puede descansar hasta encontrar la respuesta. Entre más temprano en la vida nos dediquemos a esta búsqueda, mejor será para nosotros, y también el resto de la humanidad se beneficiará de ello, porque de ello depende nuestro futuro. Esta respuesta determinará cómo viviremos el resto de nuestras vidas. Usaremos bien el tiempo que tenemos o lo perderemos. ¿Te imaginas cómo sería el mundo si cada persona que habita el planeta supiera el por qué y para qué está aquí? Sin duda el mundo sería un lugar muy diferente al que conocemos hoy. Pero, lamentablemente, hay una crisis de identidad en muchas personas y, a consecuencia de ello, cometen muchos errores. El peor y el más trágico error que cometen es que terminan por quitarse la vida. El suicidio se ha convertido en un problema social que afecta al mundo entero, a personas de diferentes edades, sexo y condición social. Desafortunadamente, el suicidio es más común entre los jóvenes. Así que, como sociedad, tenemos un problema serio de falta de identidad, muchos no saben quiénes son, ni para qué están aquí.

Pero ¿podemos hacer algo al respecto?, ¿acaso hay solución?, por supuesto que sí. Lo primero que tenemos que hacer es evitar dos errores muy comunes que se cometen a la hora de responder a la pregunta ¿para qué existo? Uno es ignorar la pregunta y el segundo es responder incorrectamente.

Ignorar completamente la pregunta. Esto ocurre con demasiada frecuencia. Hay millones en el mundo que viven solo por vivir. No saben por qué ni para qué viven. Nuca se han detenido a pensar seriamente al respecto o, si alguna vez lo intentaron, como no encontraron la respuesta, desistieron. Por lo cual aceptaron vivir sin propósito solo esperan que les llegue la muerte. Este tipo de personas gastarán sus vidas en vanidades y nada tendrá sentido. Buscarán llenar ese vacío interno, que todo ser humano experimenta en algún momento en la vida, con cosas o personas. Llenarán sus vidas con cosas superficiales y pasajeras que no satisfacen a nadie. Aunque lo tengan todo, siempre sentirán que algo les falta.

Contestar incorrectamente. Esto ocurre cuando buscamos la respuesta en los lugares incorrectos, la respuesta que obtendremos será también incorrecta. Buscar la respuesta en nosotros mismos, es incorrecto. ¿Por qué? Porque no nos creamos nosotros mismos. Tampoco debemos buscar o esperar que los científicos, la psicología, o cualquier otra ciencia, nos den la respuesta correcta. Si hacemos eso desperdiciaremos nuestra vida y nuestro tiempo. Se imagina si esperamos a que los científicos y los expertos en ciencias resuelvan el dilema de nuestra existencia. ¿Cuántos años más les tomará descubrir la respuesta al origen de la vida? ¿Cuándo se pondrán de acuerdo? ¿Cuántos años más tendremos que esperar? ¿Y qué pasa mientras tanto?, ¿nos sentaremos a esperar?, ¿tenemos tiempo para eso? No lo creo.

El panorama en nuestras vidas y del mundo será totalmente distinto si respondemos correctamente la pregunta. Pero ¿dónde y cómo encontramos la respuesta correcta? La respuesta no se encuentra en ti mismo, sino en aquel que te creó. Buscar la respuesta en ti mismo es tan absurdo como si una lavadora buscara descubrir para qué fue hecha en sí misma. La respuesta la tiene el fabricante. Solo la persona que la diseñó y fabricó tiene la respuesta correcta. Así también sucede con nosotros. Él único que puede darnos la respuesta correcta es aquel que nos creó y nos hizo, esa persona es Dios. Solo él sabe el por qué y para que te creó.

Una vez que tengamos la respuesta correcta, esto es lo que producirá en nosotros: nuestras vidas serán llenas de significado y satisfacción. Valdrá la pena vivir, habrá ánimo, brillo y emoción. Nos sentiremos realizados. Habrá razón para levantarse cada mañana. Seremos bendecidos y buscaremos bendecir a otros. Nos sentiremos realizados y buscaremos realizar a otros. Si tenemos el entendimiento correcto del porqué de nuestra existencia, podremos disfrutar la vida al máximo a pesar del dolor, el sufrimiento, las tragedias y todo lo que en este mundo caído tengamos que enfrentar. Eso no quiere decir que de repente entenderemos todo y tendremos todo resuelto. Lo que quiere decir es que tendremos la actitud correcta para enfrentar los desafíos de la vida, y que nuestra felicidad y dicha no dependerán de las circunstancias del momento, sino del saber quiénes somos y a quién le pertenecemos. Incluso nuestro morir será glorioso, porque no lamentaremos haber vivido cada minuto de nuestro tiempo.

Por eso, es muy importante considerar qué y a quién creemos. Nuestro futuro depende de ello, nuestras vidas giran alrededor de lo que creemos. Por ejemplo, si crees que hoy lloverá es muy probable que te prevengas, te vistas adecuadamente y que tomes un paraguas antes de salir de casa. Otro ejemplo es si crees que el ejercicio es bueno para la salud, es muy probable que practiques un deporte o hagas ejercicio regularmente. Como ves somos personas de fe, nuestras vidas giran alrededor de nuestras creencias. De la misma manera que en los ejemplos anteriores, si crees en Dios, tu futuro será glorioso, porque te prepararás para encontrarte con él. Si te niegas a creer en él, tu futuro será desastroso, negarás toda la evidencia que existe sobre él, de esa manera creerás la mentira de que "Dios no existe". Y jamás te prepararás para estar delante de él. Vivirás sin Dios y morirás sin él. Cuando llegue ese momento y descubras la verdad será demasiado tarde y ya nada podrás hacer. El tiempo de reconocerlo y aceptarlo es hoy.

Sí, la respuesta correcta del porqué y para qué estamos aquí se encuentra en Aquel que nos creó. Entonces, es necesario ir al principio: dónde y cuándo fuimos creados, solo ahí encontraremos la verdad. Génesis revela tres propósitos que Dios tenía en mente aun antes de crearnos. Lo que Dios deseó y planeó antes de crear al hombre fue:

1. Que fuera como él. Lo creó a su imagen para tener comunión con él.

2. Que gobernara la tierra. Como su representante y embajador.

3. Que se reprodujera. Gobernar la tierra no era tarea de uno sino de muchos.

Génesis 1:26-28 (NTV):

26 Entonces Dios dijo: "Hagamos a los seres humanos a nuestra imagen, para que sean como nosotros. Ellos reinarán sobre los peces del mar, las aves del cielo, los animales domésticos, todos los animales salvajes de la tierra y los animales pequeños que corren por el suelo".
27 Así que Dios creó a los seres humanos a su propia imagen.
A imagen de Dios los creó; hombre y mujer, los creó.
28 Luego Dios los bendijo con las siguientes palabras: "Sean fructíferos y multiplíquense. Llenen la tierra y gobiernen sobre ella. Reinen sobre los peces del mar, las aves del cielo y todos los animales que corren por el suelo".

1. Para vivir en comunión con Él

¿Para qué nos creó Dios? La respuesta es revelada en la frase: a nuestra imagen, para que sean como nosotros. Quiere decir que Dios nos creó a su imagen para tener comunión con nosotros y para que lo representáramos en la tierra. Esto nos dice que el hombre fue creado para habitar continuamente en la presencia de Dios. Antes de crear al hombre Dios lo había creado todo, pero el mundo no estaba completo porque él deseaba a alguien que lo representara. Alguien con quien pudiera comunicarse. Así que creó al hombre de manera especial, puso su imagen y semejanza en él. Esto es lo que hace la diferencia entre nosotros y el resto de la creación, la personalidad. El hombre, al igual que Dios, tiene voluntad, piensa, siente y tiene emociones. La semejanza que tenemos de Dios es que nos dio de su Espíritu. No podemos comunicarnos con los animales ni ellos con nosotros, porque nos comunicamos correctamente solo con nuestros semejantes.

En Génesis 2:4-25 se puede observar el afecto especial que Dios tiene por el hombre, a diferencia del resto de la creación. Primero formó al hombre del polvo de la tierra. Es como si describiera la obra de un alfarero trabajando con el barro, dándole forma al barro que tiene en sus manos hasta conseguir la figura según él quiere. Dios no solo le dio forma al hombre, sino que le dio vida de una forma diferente a como lo hizo con el resto de la creación. Sopló en su nariz aliento de vida y fue el hombre un ser viviente. Segundo, Dios también plantó un huerto especial, donde el hombre viviría para disfrutar de las delicias que Dios había puesto ahí. Tercero, como el hombre era especial, la mujer también necesitaba ser especial, pues Dios quería que fuera compañera idónea para el hombre. La creación del hombre y la mujer fue un proceso a diferencia del resto de la creación. Cuando creó la luz solo dijo "sea la luz", o con los demás seres "produzca la tierra seres vivientes", pero con el hombre no fue así.

El pastor Rick Warren dijo: "Dios nos creó para amarnos, y anhela que nosotros también lo amemos". Imagínese, usted y yo somos el objeto del amor de Dios. Él anhela y desea tener comunión íntima con cada uno de nosotros. Así es, el Señor y dueño del universo está esperando el momento en que tú y yo nos acerquemos a él para tener comunión. Ahora bien, este punto es muy, muy importante porque de aquí depende el resto de los demás. De hecho, si el hombre no satisface esta necesidad de comunión con Dios entonces buscará hacerlo a través de cualquier otro medio, ya sean personas o cosa. Si nuestra relación y comunión con Dios no es buena no podremos cumplir correctamente el resto de propósitos que tenía en mente para nosotros.

Antes de la caída, Dios tenía un diálogo directo con el hombre. Adán y Eva podían oír la voz de Dios en el huerto; había comunión entre ellos. Ese era el plan y el propósito de Dios para los seres humanos. Todo eso cambió después de la caída, el hombre fue separado de la presencia de Dios por causa del pecado. De ahí en adelante el hombre camina a ciegas, en obscuridad y tinieblas, porque perdió la comunión con Dios. Él nos creó para que le conociéramos y para relacionarse con nosotros. Si fallamos en este propósito básico, entonces fallaremos en todo lo demás. Esa es la importancia de restablecer la comunión con Dios. Solo entonces, cuando el hombre vuelva a su relación directa con Dios, es que podrá estar satisfecho su corazón.

2. Gobernar la Tierra y la creación en representación de Dios

Esto es un hecho. Dios le dio al hombre desde el principio la tarea de gobernar la creación que él había puesto en sus manos. Todo esto, por supuesto, el hombre debería hacerlo en directa comunión con él y bajo su autoridad y gobierno, para que todo se hiciera bien y con orden. Pero no permanecieron en sujeción ni en obediencia a Dios, decidieron revelarse. A causa de eso, el hombre ha hecho un mal gobierno de la creación y un mal uso de los recursos, así como de la autoridad que Dios le delegó para gobernar. Hoy somos testigos del abuso de esa autoridad y lo devastado que está el planeta a consecuencia de ello. Animales en peligro de extinción, contaminación del aire, del agua, de la tierra, cambio climático, etc., etc.

La siguiente gráfica representa las dos formas de gobierno. El correcto y el incorrecto:

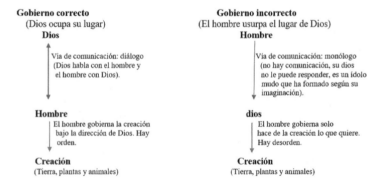

Gobierno correcto
(Dios ocupa su lugar)
Dios

Vía de comunicación: diálogo
(Dios habla con el hombre y
el hombre con Dios).

Hombre
El hombre gobierna la creación
bajo la dirección de Dios. Hay
orden.

Creación
(Tierra, plantas y animales)

Gobierno incorrecto
(El hombre usurpa el lugar de Dios)
Hombre

Vía de comunicación: monólogo
(no hay comunicación, su dios
no le puede responder, es un ídolo
mudo que ha formado según su
imaginación).

dios
El hombre gobierna solo
hace de la creación lo que quiere.
Hay desorden.

Creación
(Tierra, plantas y animales)

Es claro que en el tipo de gobierno correcto Dios está ocupando el lugar que debe ocupar. Donde hay un diálogo entre Dios y el hombre, existe una línea de comunicación abierta ininterrumpida. De esta manera el hombre no tiene ningún problema en escuchar la voz de Dios, quien le da dirección. Pero en el tipo de gobierno incorrecto es el hombre quien ocupa el lugar de Dios y entonces las cosas se salen de control. Hay un monólogo, el hombre gobierna solo y no sabe cómo hacerlo correctamente. No hay respuesta, no hay con quien comunicarse. El dios que ha creado no le puede ni oír ni responder. Por lo tanto, hay un caos, empieza a suceder el desorden. El hombre se enseñorea sobre el hombre. ¿Por qué razón? Porque el hombre perdió el propósito principal, que es la comunión con Dios. Por eso dije anteriormente que es muy importante el punto de la comunión con Dios. Si falta, o es deficiente esto primero, también el resto de las cosas no estarán conforme al orden correcto. Todo lo demás no funcionará como debe ser. Dios le dio señorío al hombre sobre la tierra (plantas y animales), no sobre sus semejantes. Dios es el único que debe y puede gobernar sobre los hombres correctamente. Otro error, y por cierto muy común y grave que cometemos, es pensar que por el hecho de que se nos ha dado la autoridad para gobernar la tierra eso quiere decir que podemos hacer lo que se nos antoje con ella. Eso es un error. Eso es gobierno sin responsabilidad. No debemos olvidar que, si alguien nos dio autoridad para gobernar, somos responsables ante Aquel que nos la dio. Es decir, nosotros no somos dueños solo somos mayordomos, administradores nada más, por lo tanto, vamos a dar cuentas de qué hicimos con lo que se nos entregó. Seamos responsables.

3. Reproducirse y multiplicarse

Por supuesto, esto es contrario a lo que la mayoría de nosotros escuchamos hoy. Se nos bombardea a diario por todos los medios de comunicación con la idea de que somos muchos y de que el planeta está sobrepoblado, que pronto no habrá suficiente comida para todos. Pero Dios dijo: reprodúzcanse, llenen la tierra y gobiernen sobre ella. ¿Qué dicen y hacen los hombres? Prohíben y restringen la reproducción. La mentalidad de los hombres siempre es contraria a lo que Dios quiere. Alguien podría argumentar "ese mandato fue dado cuando eran los únicos seres humanos en el mundo", pero hoy somos siete mil quinientos millones de personas. Nuestras ciudades están sobrepobladas. Hay escasez de vivienda, ya no cabemos. La pregunta que debemos hacernos entonces es ¿será que Dios quiere que nos sigamos reproduciendo aun en nuestros días? Mi respuesta es: por supuesto que sí. Ahora sé que aquí entraríamos a un debate donde se dividirían en dos o más grupos, unos estarán de acuerdo y otros no. Cada grupo tendrá sus razones, pero quiero llevarte a pensar en esto: aquí no es tu opinión ni la mía la que vale, sino la de Dios. Así que deberíamos preguntarle a Dios. De una cosa estoy seguro, si nunca hubiéramos pecado, no tendríamos este problema. Si viviéramos en completa obediencia a Dios, no tendríamos problemas en someternos a su voluntad. Y, cuando Dios quisiera que ya no nos reprodujéramos más, simplemente él podría fácilmente cerrar la matriz de cada mujer y no habría más nacimientos. Otra razón que contribuye a la sobrepoblación y la falta de alimentos es que nos hemos aglomerado en ciudades, cuando Dios dijo llenen la tierra. Hay miles y miles de acres sin habitar. ¿Cuál es la razón por la que hay pobreza y miseria en el mundo? ¿Cuál es la razón por la cual hay desigualdad? No es porque no haya suficientes recursos, ni porque Dios sea injusto, como muchos piensan. En primer lugar, la razón de todos estos problemas sociales que agobian nuestro planeta es el habernos separado de Dios. En segundo lugar, es nuestro egoísmo. El egoísmo de cada uno de nosotros ha provocado un desbalance y una mala distribución de los recursos materiales. Donde unos cuantos han querido gobernar y dominar a los demás. Con esto no estoy promoviendo el socialismo, lo cual en mi opinión no es la solución a nuestro problema, sino el volver a la comunión con Dios, dejar que Él nos dirija y nos guíe con su sabiduría. Esa es la solución, volvamos a Dios y él nos dirá qué hacer.

Es claro en el texto que quien nos creó nos dio la bendición y el mandato para reproducirnos. Por supuesto que, si todos tuviéramos una relación correcta con Dios, lo haríamos de manera segura y responsable. Dios estableció un orden y el sexo lo estableció y lo bendijo dentro del pacto matrimonial (donde existe compromiso y responsabilidad). Si cada hombre y mujer asumiéramos la responsabilidad que conlleva el ser padres, no habría niños abandonados, ni desprotegidos. No somos animales, aunque muchos actúen como tales.

Hasta aquí hemos visto lo que el primer pasaje en la Escritura revela sobre el propósito triple que Dios tenía para el hombre antes de crearlo. Conforme avanza Dios en su revelación progresiva al hombre, es decir, Dios no se reveló a sí mismo a una sola persona y de una sola vez, sino que fue poco a poco, esa revelación progresiva es toda la Biblia. Cuando leemos la Biblia encontramos que hay otros tres propósitos más que Dios planeó o tenía previstos para el hombre. Veamos cuáles son estos propósitos a continuación.

4. Para la gloria de Dios

[7] todos los llamados de mi nombre; para gloria mía
los he creado, los formé y los hice.
[21] Este pueblo he creado para mí; mis alabanzas publicará.
(Isaías 43:7, 21)

Fuimos creados para la gloria de Dios. Estas palabras revelan tan claramente nuestro propósito que ninguno debería ignorarlas. No debería causarnos ningún problema aceptar este propósito. Porque quien nos creó para su gloria no es un ser egoísta, ni un gobernante tirano que se goza en vernos sufrir y se ríe o se divierte con nosotros usándonos como títeres. Dios se goza cuando, en unidad y comunión con él, cumplimos sus propósitos y eso trae gloria a su nombre. Él es justo y bueno. Se deleita en nuestro bienestar y en bendecirnos cada día. Por lo tanto, en vez de rebelarnos contra él y querer huir de su presencia, deberíamos correr hacia él para estar siempre bajo su protección y cuidado. Personalmente he descubierto que es mucho mejor vivir para la gloria de Dios que para la mía, porque, aun cuando parezca muy bueno y piadoso en mis metas y propósitos que persigo, siempre y por alguna razón pondré el beneficio personal antes que el de los demás y eso afectará. Tarde o temprano tomaré ventaja de alguien más para cumplir mis propósitos y terminará mal. Abusaré de alguien o alguien abusará de mí.

Vivir para la gloria de Dios es la aspiración más alta y sublime que el hombre pudiera tener y es suficiente para hacer a cualquier persona completa y realizada. Esto es lo que Dios quiere para cada uno de nosotros. No creo que haya existido, ni que existirá una persona más completa y realizada que Jesús. Y cuando estudiamos cuál es la razón y el secreto de tal felicidad y realización, descubrimos que Jesús vivió solo para agradar al Padre. Todo lo que hizo y todo lo que dijo fue para agradar al Padre. Vivió para la gloria de Dios, como estaba planeado, no para la suya y eso fue suficiente para hacer de Jesús una persona feliz, completa y realizada. Desde el principio hasta el fin tuvo la aprobación y el agrado del Padre, porque eso fue lo que él deseó. Jesús no buscó fama, buscó al Padre y el Padre se la dio. Tampoco buscó riqueza para ser feliz, buscó al Padre y el Padre se la dio. Por eso Jesús nos invita a cada uno de nosotros a hacer lo mismo, en Mateo 6:33 dijo lo siguiente: "Mas buscad primeramente el reino de Dios y su justicia, y todas estas cosas os serán añadidas".

Te aseguro que funciona. Busca a Dios con todo tu corazón, mente y alma y obtendrás una riqueza superior, que sobrepasa en gran manera a lo que este mundo ofrece. Encontrarás lo que más anhela tu corazón: amor, gozo, paz, paciencia, seguridad, confianza, satisfacción y esperanza. Te aseguro, quedarás satisfecho para siempre y no tendrás necesidad de mendigar las migajas del mundo.

Efesios 1:11-12 dice:

> [11] *En él asimismo tuvimos herencia, habiendo sido predestinados conforme al propósito del que hace todas las cosas según el designio de su voluntad,*
>
> [12] *a fin de que seamos para alabanza de su gloria, nosotros los que primeramente esperábamos en Cristo.*

Por supuesto que el orgullo del hombre siempre dirá "y por qué tengo que vivir para la gloria de Dios, ¿quién es Dios?" El hombre pecador se rebela ante la soberanía de Dios, pues le duele el orgullo saber y reconocer que fue creado por Dios y para la gloria de Dios y no la de sí mismo. Como dijo el pastor Rick Warren: "Somos seres humanos. Cuando pretendemos ser Dios acabamos pareciéndonos a Satanás, que pretendía eso mismo".

No somos Dios y nunca deberíamos pretender serlo. ¿Acaso no fue esa la mentira con la cual Satanás engañó a Eva...? "El día que comáis de él, serán abiertos vuestros ojos y seréis como Dios, sabiendo el bien y el mal". Dios es Dios y nos creó para vivir para su gloria. Esa es la verdad, no somos Dios, solamente hay uno y es Él, no nosotros.

5. Para ser como Él

En Efesios 4:11-13:

> *¹¹ Y él mismo constituyó a unos apóstoles; a otros, profetas; a otros, evangelistas; a otros, pastores y maestros,*
> *¹² a fin de perfeccionar a los santos para la obra del ministerio, para la edificación del cuerpo de Cristo,*
> *¹³ hasta que todos lleguemos a la unidad de la fe y del conocimiento del Hijo de Dios, a un varón perfecto, a la medida de la estatura de la plenitud de Cristo.*

Romanos 8:28-29:

> *²⁸ Y sabemos que a los que aman a Dios todas las cosas les ayudan a bien, esto es, a los que conforme a su propósito son llamados.*
> *²⁹ Porque a los que antes conoció, también los predestinó para que fuesen hechos conformes a la imagen de su Hijo, para que él sea el primogénito entre muchos hermanos.*

Dios nos creó a su imagen y semejanza, como ya hemos visto, porque quería que fuéramos semejantes a él. Ese fue el plan y el diseño desde el principio, pero todo fue afectado por el pecado. Y la única manera de restaurar esa imagen y ese diseño es a través de la obra redentora de Cristo Jesús en la cruz del Calvario. Por eso es importante la redención efectuada por Cristo. No hay otra solución para componer o poner en correcto estado la vida del hombre. No lo hay.

La meta de Dios para todo ser humano es, y siempre ha sido, que seamos como Cristo. Jesús es nuestro modelo, especialmente para el creyente. Una vez tras otra podemos leer esto en las Escrituras. Por lo tanto, podemos decir que Dios está en el negocio de la transformación de nuestras vidas, la Biblia declara eso. Cristo es el modelo del hombre perfecto. Cristo Jesús modeló y vivió lo que ni Adán, ni Eva, ni ninguno de nosotros pudimos ser y hacer. Jesús sí pudo vencer la tentación, resistió a Satanás y vivió sin pecado. A los que estamos en Cristo se nos manda a pensar y actuar como él. Podemos caminar cómo Jesús caminó. Si tan solo diariamente decidimos vivir para la gloria de Dios y no para la nuestra, entonces nos pareceremos más a él. Esto no quiere decir que seremos perfectos, pero sí podemos ser santos, es decir, podemos vivir una vida agradable a Dios, apartada del pecado. Podemos alcanzar esta meta, si tan solo dependemos del Padre y caminamos de su mano.

Filipenses 3:12-14 dice:

[12] No que lo haya alcanzado ya, ni que ya sea perfecto; sino que prosigo, por ver si logro asir aquello para lo cual fui también asido por Cristo Jesús.

[13] Hermanos, yo mismo no pretendo haberlo ya alcanzado; pero una cosa hago: olvidando ciertamente lo que queda atrás, y extendiéndome a lo que está delante,

[14] prosigo a la meta, al premio del supremo llamamiento de Dios en Cristo Jesús.

El apóstol buscaba y se esforzaba por conseguir algo en esta vida, su meta era ser como Cristo. Nada más, nada menos. Era de esperarse que este mismo apóstol que, primero, conocía la meta y, segundo, perseveró hasta el último día de su vida aquí en la tierra por llegar, fue el único que pudo decir: "Sed imitadores de mí, así como yo de Cristo" (1 Corintios 11:1). Nadie puede negar que en este hombre de Dios se vio reflejada la imagen de su Señor, estoy seguro de que en cada uno de nosotros será igual, si tan solo perseguimos cada día la menta de ser más y más semejantes a Jesús. Esa debería ser nuestra meta también, sin importar la posición o el rol que ocupamos en la sociedad o en la iglesia.

6. Para buenas obras

Efesios 2:10 menciona:

> Porque somos hechura suya, creados en Cristo Jesús para buenas obras, las cuales Dios preparó de antemano para que anduviésemos en ellas.

Es simple, Dios nos creó para hacer el bien, no el mal. Cuando hacemos buenas obras estamos haciendo la voluntad de Dios y cumpliendo nuestro propósito. La mayoría de nosotros deseamos hacer el bien. Pero tenemos un grave problema: nuestra naturaleza pecaminosa nos vence casi siempre y nos lleva a hacer el mal. ¿Y cuál es la razón de dicho conflicto dentro de nosotros mismos? La culpa no es de Dios, ni tampoco del diablo, sino nuestra propia elección. Cada uno de nosotros escogimos desobedecer. Creo que esta es la razón por la cual Dios prohibió el pecado, él sabía que nos dominaría y que no podríamos fácilmente liberarnos, aunque lo quisiéramos. Así es con todo lo que Dios nos ha prohibido es porque nos afecta y nos hace mal a nosotros y a los demás.

2 Timoteo 3:16-17:

> ¹⁶ *Toda la Escritura es inspirada por Dios, y útil para enseñar, para redargüir, para corregir, para instruir en justicia,*
> ¹⁷ *a fin de que el hombre de Dios sea perfecto, enteramente preparado para toda buena obra.*

El apóstol Pablo declara que Dios usa las Escrituras con la finalidad y el propósito de perfeccionar nuestras vidas, para que estemos preparados en todo momento para hacer buenas obras. ¿No es eso maravilloso? ¿No es eso lo que cada uno de nosotros de una manera u otra también deseamos y deberíamos buscar?

Mateo 5:14-16:

> ¹⁴ *Vosotros sois la luz del mundo; una ciudad asentada sobre un monte no se puede esconder.*
> ¹⁵ *Ni se enciende una luz y se pone debajo de un almud, sino sobre el candelero, y alumbra a todos los que están en casa.*
> ¹⁶ *Así alumbre vuestra luz delante de los hombres, para que vean vuestras buenas obras, y glorifiquen a vuestro Padre que está en los cielos.*

La luz que brilla y que debe brillar es el reflejo de Dios en nosotros, son las buenas obras que hemos de hacer delante de los hombres. No para que nos alaben a nosotros o digan cuán buenas personas somos, sino para que alaben a Dios, quien nos creó para esto. Recuerde, como lo vimos en el propósito cuatro: vivimos para la gloria de Dios. Así que, cuando hacemos el bien, tenemos la aprobación de Dios, nos sonríe y dice: "Bien hecho, así se hace". Pero cuando hacemos lo malo, nos ve y dice: "Esto no se parece en nada a lo que yo había planeado". Hacer pecado es hacer mal uso de nuestro tiempo, talentos y recursos. Deja que la luz de Jesús brille en tu corazón, no la apagues. Haz lo bueno que Dios pone en tu corazón, no te detengas.

Como hemos visto hasta aquí, las dos formas en que Dios se revela son: a través de la naturaleza y a través de su Palabra (la Biblia). Y la razón del porqué y para qué se ha revelado a nosotros es mostrarnos su voluntad y nuestro propósito.

Cada ser humano, sin excepción, fue creado a la imagen de Dios. Por lo tanto, todo ser humano fue diseñado para alcanzar cada uno de estos propósitos. Pero es necesario conocerlos antes de alcanzarlos, de lo contrario, jamás lo lograremos, quedaremos cortos y, peor aún, ni siquiera sabremos para qué vivimos. Si no tenemos la meta bien definida jamás la alcanzaremos. Necesitamos conocer la meta para al menos intentar llegar a ella. La meta es Cristo. Cuánto tiempo más pasará hasta que te convenzas de la verdad. No estás aquí por casualidad, Dios te planificó y te hizo. Él sabe bien lo que quiere que hagas con tu vida, hazlo.

Recuerda, Dios te dio un corazón para amar, no para odiar. Dios te dio dos manos y dos pies para hacer el bien, no para ir tras el mal. No permitas que Satanás use para el mal lo que Dios creó para el bien y para su gloria. Dios quiere usar tu vida para cosas grandes y mejores de las que estás haciendo, depende de ti permitírselo o no.

El apóstol Pablo, en Romanos 6:12-14, nos exhorta de la siguiente manera:

12 No reine, pues, el pecado en vuestro cuerpo mortal, de modo que lo obedezcáis en sus concupiscencias;
13 ni tampoco presentéis vuestros miembros al pecado como instrumentos de iniquidad, sino presentaos vosotros mismos a Dios como vivos de entre los muertos, y vuestros miembros a Dios como instrumentos de justicia.
14 Porque el pecado no se enseñoreará de vosotros; pues no estáis bajo la ley, sino bajo la gracia.

Hace poco mientras meditaba respecto de la Biblia (Génesis 5, para ser específico) descubrí esto: no importa cuánto tiempo vivas, sino lo que haces con el tiempo que se te ha dado sobre la tierra. De poco o de nada servirá vivir mil años y no saber para qué has vivido. En cambio, es mejor vivir treinta años como Juan el Bautista, o treinta y tres años como Jesús, pero vivirlos como ellos, a plenitud. No vivieron en vano su tiempo, aunque fue corto, fue bien aprovechado. Cumplieron su propósito, porque vivieron para la gloria de Dios. Y tú, ¿cómo estás usando el tiempo que Dios te ha dado?

¿Para quién y para qué estás viviendo?

Thomas Edison una vez dijo: "El tiempo es realmente el único capital que cualquier ser humano tiene o posee y de lo único que no puede darse el lujo es de perderlo".

Cuán verdaderas son las palabras de Edison, a las que yo agregaría: no te des el lujo de perder el poco tiempo que tienes, por ninguna razón, si lo haces, pagarás muy caro los intereses.

Capítulo 3
EVIDENCIAS QUE DEMUESTRAN LA EXISTENCIA DE DIOS
¿Qué evidencias demuestran su existencia?

Tres cosas sé de Dios: La primera es, Dios existe,
la segunda es que no soy yo y la tercera es que tampoco lo eres tú.
Autor desconocido

Existen preguntas esenciales para la vida que debemos responder de manera personal y sincera. Estas preguntas tienen que ver con el significado de la vida que todo ser humano busca. Básicamente encierran estas cuatro áreas: origen, propósito, moralidad y destino. Es decir ¿Quién soy? ¿De dónde vengo? ¿Cuál es el propósito de mi vida? ¿Qué es bueno y malo? ¿Hacia dónde voy? Esto inevitablemente nos conducirá a otra serie de preguntas, tales como: ¿cuál es el origen de todas las cosas? ¿Quién creó el universo? Y, ¿por qué y para qué creó todo lo que existe? Como sabrás, hay varias respuestas que han surgido a lo largo de los años, pues no somos los únicos ni los primeros que hemos razonado al respecto. Los que nos han precedido también han buscado y pensado seriamente en esto. Estas son las tres respuestas más comunes que conocemos hasta hoy: creación, evolución y la gran explosión. Lo que cada una de estas posturas enseña a grandes rasgos es lo siguiente:

La Creación: cree y enseña que Dios es el creador de todo y que solo Él es el origen y el causante de todas las cosas.

La Evolución: es la teoría que cree y enseña que el ser humano y el mundo que conocemos hoy es resultado de la evolución. Nada de lo que existe fue creado de la nada ni porque sí, sino que, poco a poco, a lo largo de miles de millones de años, las cosas fueron evolucionando (cambiando), hasta llegar a ser lo que ahora son.

La Gran Explosión: es la teoría que cree y enseña que el universo, tal y como lo conocemos hoy, surgió o se originó de una Gran Explosión que sucedió hace miles de millones de años y, poco a poco y lentamente, llegó a ser lo que ahora vemos.

Entiendo que no son las únicas posturas, teorías o corrientes filosóficas que existen sobre el tema, hay más y asumo que surgirán muchas más conforme transcurran los años. Como dije, estas son las explicaciones más comunes que conocemos. Pero ¿Podrá alguien tener las respuestas correctas a estas preguntas? ¿Cómo descubrimos la verdad? ¿A quién podemos creerle? Muchos después de escuchar todos los debates y polémicas que surgen sobre el tema, tanto de una postura como de las demás, se sienten desilusionados, confundidos y lamentablemente pierden el interés y la esperanza de que un día descubrirán la verdad. Debido a ello se cierran y no quieren saber nada más al respecto. Se vuelven escépticos. Si esta es tu situación, lo lamento y te comprendo. Es muy grande la desilusión que causa descubrir que lo que has estado creyendo toda tu vida es una mentira. Además de comprenderte quiero pedirte que no te desanimes, ni te des por vencido. Estás vivo, aún puedes descubrir la verdad, pero sigue buscando hasta encontrarla. Porque lo que está en juego es demasiado importante como para no darle importancia, o como para ignorarlo. Cuánto has oído o sabes del tema en cuestión, no lo sé. Es muy probable que no seas experto ni en ciencia, ni en tecnología, ni en religión o en filosofía como para saber las respuestas. Pero quién dijo que es un requisito ser especialista en ciencia para saber con toda seguridad nuestro origen y el propósito por el cual existimos. Lo que se requiere es que seas humano y que estés vivo. Y lo estás, te encuentras leyendo esto ahora mismo. Piensas, razonas, tienes emociones y sentidos, con los cuales puedes experimentar y evaluar las situaciones que vives a diario. Aún estás vivo, eso es un buen inicio.

Como dije, no necesitas ser un experto en materia de ciencia, tecnología ni religión para descubrir la verdad sobre el propósito de tu existencia y el origen de todas las cosas. Pero, para poder aceptar y creer cualquier teoría o filosofía que existe en cuanto el origen de la vida y del universo, se requiere de un elemento fundamental y básico, que, por cierto, todos tenemos, ese elemento es fe. Sí, leíste bien, se requiere de fe. Permíteme explicar esto antes de seguir adelante: no necesitas ser una persona religiosa para demostrar fe. Todos tenemos fe, sí, así es, tú tienes fe, yo tengo fe. Hasta los que dicen ser ateos tienen fe. Ellos creen en algo o en alguien. Por ejemplo, los ateos creen que Dios no existe, esa es su fe, piensan que eso es verdad y por lo tanto lo creen, aunque sea mentira. ¿Lo ves?, todos sin excepción tenemos fe en lo que creemos. Más adelante veremos la importancia que tiene en lo que creemos y a quién le creemos. Pero, por ahora, es suficiente aceptar la realidad de que todos tenemos fe. Cada día hacemos uso de la fe que tenemos y cada uno de nosotros decide lo que cree y lo que no. El Dr. John Maxwell, en su libro Make Today Count (Haga que su día cuente), dice lo siguiente:

"Si deseas hacer una exploración honesta de la fe, entonces debes saber esto:
Nosotros ya tenemos fe… la importante decisión es dónde la ponemos."

El autor John Bisagno observa lo siguiente:

"La Fe es el corazón de la vida. Vas a un doctor cuyo nombre no puedes pronunciar. Te da una receta que no puedes leer. La llevas a un farmacéutico que nunca has visto. Él te da una medicina que no entiendes y sin embargo te la tomas".

Todos nosotros tenemos fe. Cada día actuamos con base en creencias que tienen poca o ninguna evidencia que las respalden. Eso es cierto también en el sentido espiritual. Así como una persona tiene fe en que Dios es real, un ateo tiene fe en que no hay Dios. Ambas personas tienen fuertes creencias y ninguna de ellas puede producir evidencias para probar absolutamente su punto de vista. Ahora mismo tú tienes fe en algo. Tu meta será alinear tus creencias con la verdad. Busca la verdad y yo sé que la encontrarás. [4]

Yo también creo que es posible encontrar la verdad. Empecemos por definir qué es Fe. La página www.significados. com la define de la siguiente manera:

"La *fe* es un sentimiento de total creencia o asentimiento en relación con algo o alguien y, como tal, se manifiesta por encima de la necesidad de poseer evidencias que demuestren la verdad de aquello en lo que se cree. La palabra proviene del latín fides, que significa 'lealtad', 'fidelidad'."

Según esta definición, fe es creer en algo, aunque no existan evidencias que demuestren lo que se cree. Ahora, veamos qué es lo que dice la Biblia sobre la fe. Hebreos 11:1, dice: "Es, pues, la fe la certeza de lo que se espera, la convicción de lo que no se ve".

En otras palabras, fe es certeza y convicción en algo que no puedes ver. Tanto los que creemos que Dios existe, y que es el creador de todas las cosas, como los que creen que todo es obra de la Evolución o de cualquier otra teoría, ambos tenemos la certeza de algo que esperamos y la convicción de algo que no hemos visto. Los que se dicen ser ateos, por ejemplo, argumentan que no creen en Dios porque no le han visto. Lo cierto es que tampoco pueden probar que Dios no existe. Así como tampoco la ciencia puede probar que los planetas existen, como dicen, desde hace miles de millones de años, ni los arqueólogos pueden probar la cantidad de millones de años que atribuyen a los fósiles que tanto estudian. Ellos creen lo que dicen, pero no necesariamente lo pueden comprobar.

Acéptalo, es una realidad, todos tenemos fe, en una manera o en otra. Eres una persona de fe. Ahora mismo estás creyendo en algo o en alguien. Quiero pedirte que te des la oportunidad de escuchar y analizar los argumentos que aquí te presento y después tomes una decisión, basada, no en mi convicción solamente, sino en tu propio análisis y juicio de las evidencias y las razones aquí expuestas. Empezaré por presentar de manera breve y sencilla la relación que existe entre: la ciencia y la fe, la filosofía y la fe, y veremos si es que existe alguna relación entre ellas. Luego hablaré un poco sobre la evidencia del diseño y la evidencia del texto bíblico como pruebas contundentes de la existencia de Dios como creador, veamos:

1. La ciencia y la fe

La pregunta sigue en el aire: ¿quién creó el universo? ¿Dónde y quién tiene la respuesta correcta? ¿Será que la podemos encontrar a través de la ciencia? Pero en realidad, ¿se opone la ciencia a Dios, como muchos piensan? Por qué no volvemos un poco atrás en la historia y escuchamos algunos de los pensamientos y dichos de grandes científicos y filósofos, que bendijeron al mundo con sus descubrimientos y aportaciones. ¿Cuáles eran sus percepciones? ¿Qué pensaban ellos de Dios? Esto es lo que algunos de ellos dijeron al respecto:

Johannes Kepler (1571-1630). Fue un astrónomo y matemático alemán; conocido fundamentalmente por sus

[4]John Maxwell. Make Today Count. Editorial: Center Street. New York, NY, 2008. p. 86

leyes sobre el movimiento de los planetas en su órbita alrededor del Sol (Leyes de Kepler). Kepler dijo:

"Cuanto más adelanta el hombre en la penetración de los secretos de la Naturaleza, mejor se le descubre la universalidad del plano eterno." [5]

Que mi nombre perezca si tan sólo con ello el nombre de Dios el Padre es por ello exaltado. [6]

Deseaba ser teólogo; pero ahora me doy cuenta gracias a mi esfuerzo de que Dios puede ser celebrado también por la astronomía. [7]

Francis Bacon (1561-1626). Fue un célebre filósofo, político, abogado y escritor inglés. Se conoce como el padre del empirismo filosófico y científico. Bacon dijo:

"Dios, de hecho, ha escrito dos libros, no solo uno. Por supuesto, todos estamos familiarizados con el primer libro que escribió, es decir, las Escrituras. Pero él escribió un segundo libro llamado creación. [8]

Poca ciencia aleja muchas veces de Dios, y mucha ciencia conduce siempre a él."[9]

Blaise Pascal (1623–1662). Fue un matemático, físico, inventor, escritor y teólogo francés. Sus principales aportes incluyen el Teorema de Pascal, la pascalina, la existencia de vacío o sus experimentos sobre la presión atmosférica. Pascal dijo:

"Prefiero equivocarme creyendo en un Dios que no existe, que equivocarme no creyendo en un Dios que existe. Porque,

[5]https://www.mundifrases.com/frases-de/blaise-pascal/
[6]Ibid.
[7]Ibid.
[8]https://frasesdelavida.com/frases-de-francis-bacon/
[9]Ibid.

si después no hay nada, evidentemente nunca lo sabré, cuando me hunda en la nada eterna; pero si hay algo, si hay alguien, tendré que dar cuenta de mi actitud de rechazo."[10]

En el corazón de todo hombre existe un vacío que tiene la forma de Dios. Este vacío no puede ser llenado por ninguna cosa creada. Él puede ser llenado únicamente por Dios, hecho conocido mediante Cristo Jesús. [11]

Galileo Galilei (1564–1642). Fue un astrónomo, filósofo, ingeniero, matemático y físico italiano. Sus logros incluyen la mejora del telescopio, gran variedad de observaciones astronómicas, la primera ley del movimiento y un apoyo determinante a la revolución de Copérnico. Ha sido considerado como el "padre de la astronomía moderna", el "padre de la física moderna" y el "padre de la ciencia". Galilei dijo:

"Las matemáticas son el lenguaje en que Dios ha escrito el universo."[12]

"La Biblia es un libro sobre ir al cielo. No es un libro sobre cómo van los cielos."[13]

"No me siento obligado a creer que Dios que nos ha dotado de inteligencia, sentido común y raciocinio, si tuviera como objetivo privarnos de su uso."[14]

"Recordando que la sabiduría y el poder y la bondad del Creador en ninguna parte se muestra tan bien como en los cielos y los cuerpos celestes, podemos fácilmente reconocer el gran mérito de Aquél que ha traído estos cuerpos a nuestro conocimiento, y que, a pesar de su casi infinita distancia, los ha presentado fácilmente visibles."[15]

Isaac Newton (1643–1727). Fue un físico, teólogo, inventor y matemático inglés. Es autor de los Principia, donde describe la ley de la gravitación universal y estableció las bases de la mecánica clásica mediante las leyes que llevan su nombre. Entre sus otros descubrimientos científicos destacan los trabajos sobre la naturaleza de la luz y la óptica y, en matemáticas, el desarrollo del cálculo infinitesimal. Newton dijo lo siguiente:

"A falta de otra prueba, el dedo pulgar por sí solo me convencería de la existencia de Dios". [16]

"Dios es capaz de crear partículas de materia de distintos tamaños y formas... y quizás de densidades y fuerzas distintas, y de este modo puede variar las leyes de la naturaleza, y hacer mundos de tipos diferentes en partes diferentes del universo. Yo por lo menos no veo en esto nada contradictorio."[17]

"Encuentro más indicios de autenticidad en la Biblia que en cualquier historia profana." [18]

"La gravedad explica los movimientos de los planetas, pero no puede explicar quién pone los planetas en movimiento."[19]

"Mis descubrimientos han sido posibles por haber sido la respuesta a las oraciones."[20]

[10]https://es.wikiquote.org/wiki/Blaise_Pascal
[11]https://es.wikiquote.org/wiki/Blaise_Pascal
[12]https://es.wikiquote.org/wiki/Galileo_Galilei
[13]Ibid.
[14]Ibid.
[15]Ibid.
[16]https://es.wikiquote.org/wiki/Isaac_Newton

"Tomo mi telescopio y observo el espacio, lo que se encuentra a millones de kilómetros de distancia. No obstante, entro a mi habitación y, por medio de la oración, puedo acercarme más a Dios y al cielo que si contara con todos los telescopios que hay en la tierra." [21]

Cada uno de ellos, a pesar del conocimiento en ciencia y tecnología que alcanzaron (para ser honesto sabían mucho más que nosotros de ciencia), nunca perdieron su fe en Dios ni negaron su existencia. Fueron hombres de fe y no permitieron que sus conocimientos y descubrimientos científicos los apartaran de reconocer la existencia de Dios. Siempre mantuvieron un balance. Es más, muchos de ellos dieron gracias a Dios por haberles dado la capacidad de descubrir y desarrollar todo lo que hicieron en sus carreras como profesionales en ciencia. No renunciaron a su fe, fue más bien gracias a ella que sus carreras fueron brillantes. Con esto demostraron que cuando hay humildad en el corazón es posible creer en Dios y en la ciencia simultáneamente. No hay nada malo en ello. Al contrario, demostraron que en verdad como seres humanos alcanzamos la grandeza cuando reconocemos nuestra condición y posición (seres creados por Dios). También demostraron que, cuando rendimos nuestros conocimientos en cualquier materia o ciencia a los pies del Creador y dueño de todo, da como resultado grandes beneficios al mundo entero.

Ahora lea esto, National Geographic en el 2008 produjo un documental titulado: La increíble máquina humana. En el cual se reconoce científicamente que el cuerpo humano es la máquina perfecta. Comienza de la siguiente manera:

"No hay nada más familiar, ni más misterioso, más fascinante en su funcionamiento, maravilloso en su mecanismo, exquisito en su gama de sentidos, y sorprendente en su capacidad de comprensión. En un fantástico viaje de *un solo día* nos adentramos *en los milagros rutinarios del cuerpo humano*. Nuestros instrumentos, motores, infraestructuras, calzadas y sistemas de circuitos, con diez mil parpadeos, veinte mil respiraciones, cien mil latidos, hoy es un día corriente y a la vez extraordinario en la vida de la increíble maquina humana. De los seis mil millones de personas que habitan el planeta, no hay una sola persona en el mundo idéntica a la otra. Cuando comienza un nuevo día cada máquina humana comienza *una serie de milagros* que durarán desde la mañana hasta la noche. (Desafortunadamente la parte 1 donde aparece este comentario ha sido removida)."

Esta es una prueba científica más de que *no somos producto de la Evolución ni de la casualidad*, como algunas teorías han sugerido. Científicamente se reconoce que se requiere de un *milagro* para que un ser humano pueda vivir un solo día. La página *www.lexico.com* define la palabra milagro como: el suceso extraordinario y maravilloso que no puede explicarse

[17]Ibid.
[18]Ibid.
[19]https://www.lifeder.com/frases-de-isaac-newton/
[20]Ibid.
[21]Ibid.

por las leyes regulares de la naturaleza y que se atribuye a la *intervención de Dios* o de un ser sobrenatural. Si aceptamos las investigaciones de *National Geografic* como la definición de *lexico.com*, entonces concluimos que es pura necedad de los hombres seguir negando la existencia de Dios. Para creer que el universo, y específicamente la vida del hombre sobre la tierra, con toda su complejidad y diversidad es obra de la casualidad, es necesario no tener raciocinio, para creer eso. Es por pura insensatez que los hombres niegan a Dios. ¿Por qué? Porque nada perfecto sucede por obra de la casualidad. No es posible que algo tan preciso y complejo resulte sin que haya inteligencia detrás de ello.

Proverbios 3:19-20 dice:

"Jehová con sabiduría fundó la tierra; afirmó los cielos con inteligencia."
"Con su ciencia los abismos fueron divididos, y destilan rocío los cielos".

Dios usó su sabiduría, inteligencia y ciencia al crear el universo. Y no solo es sabio, sino que Él es poseedor y dueño de la sabiduría, la inteligencia y la ciencia. Es absurdo que como hombres nos creamos más sabios, más inteligentes y conocedores de ciencia que Dios, cuando es él quien posee toda la sabiduría, la inteligencia y la ciencia del mundo. Dios no tiene comparación.

Así que la ciencia no se opone a Dios, ni Dios se opone a la ciencia. Más bien Dios creó la ciencia y nos dio sabiduría para ayudarnos a comprobar por medio de ella su existencia. Es a través de la ciencia que podemos comprobar y demostrar la perfección y la exactitud de toda la obra de Dios. Después de haberlo visto con nuestros propios ojos no podemos hacer nada más que maravillarnos y reconocer que Dios fue quien creó todas las cosas. Él es grande, su sabiduría y poder nos sobrepasa a todos, y está por encima de todo.

2. La filosofía y la fe

Otra opinión, o percepción equivocada que se tiene respecto a la fe, es que para tener fe las personas no necesitan pensar, asumen que la fe es ciega o que la fe es algo místico solamente. Esto es un error, más bien es todo lo contrario. Cuanto más razonamos acerca del propósito de nuestra existencia sobre la tierra es que nos damos cuenta y nos convencemos de que es verdad y tiene mucho sentido el relato bíblico del cómo y por qué Dios creó todo.

Justino Mártir, quien vivió a mediados del siglo segundo, antes de ser cristiano se había dedicado al estudio de la filosofía. Él llegó al fin a la conclusión de que el cristianismo era "la verdadera filosofía".

Clemente de Alejandría dijo:

"La relación entre la fe y la razón es muy estrecha, pues una no puede funcionar sin la otra. La razón siempre construye sus argumentos sobre la base de ciertos principios que ella misma no puede demostrar, pero que acepta por fe. Para el sabio, la fe ha de ser entonces el primer principio, el punto de partida, sobre el cual la razón ha de construir sus edificios."[22]

Entonces es una equivocación pensar que la fe y la razón están en oposición, eso no es así, más bien se complementan. *La verdadera filosofía no se opone a la fe, ni la verdadera fe se opone a la filosofía.* Pero para poder reconocer esta verdad, es necesario renunciar al orgullo y a la necedad que está arraigada en el corazón de los hombres. Así es, para disfrutar de la verdadera sabiduría que procede de Dios, necesitamos ser humildes. Y ese es nuestro problema, no nos gusta ni queremos ser humillados. Siempre queremos ser exaltados, aplaudidos, reconocidos como sabios, aunque no lo seamos. Siempre creemos tener la razón, no nos gusta aceptar que nos hemos equivocado. ¡Oh, cómo nos cuesta ser humildes! Nos cuesta tanto que, para serlo, es necesario morir. Así es, tiene que morir nuestro orgullo y ego.

El apóstol Pablo escribió en 1 Corintios 3:18-20 lo siguiente:

"Nadie se engañe a sí mismo; si alguno entre vosotros se cree sabio en este siglo, hágase ignorante, para que llegue a ser sabio. Porque la sabiduría de este mundo es insensatez para con Dios; pues escrito está: Él prende a los sabios en la astucia de ellos. Y otra vez: El Señor conoce los pensamientos de los sabios, que son vanos."

[22]Justo L. González. Historia del Cristianismo, Tomo 1. Editorial: Unilit, Miami, Florida. 1994. p. 93

Según lo que hemos visto hasta aquí, ni la ciencia ni la filosofía se oponen a la fe. Ambas reconocen la existencia de un Dios creador y todo poderoso. Se puede ser científico, filósofo y creyente en Dios a la vez, no hay nada de contradictorio en ello. Ahora pasemos a algo que cualquier persona en cualquier lugar puede comprobar por sí misma sin necesidad de ser ni científico ni filosofo.

3. La evidencia del diseño

Nadie puede negar que todo lo creado tiene un propósito y una función que cumplir en el universo. Nada está de más ni de menos en el universo. Todo fue medido, preciso, exacto. Hay orden en la creación y eso revela inteligencia. Cada cosa fue colocada en su lugar. El cielo, la tierra, el mar, las estrellas, el hombre sobre la tierra, etc. Todo lo que existe no pudo haber surgido de la nada o por obra de la casualidad. Tuvo que ser invento de alguien, quien pensó bien en lo que quería hacer y lo hizo.

Qué pensaría usted si le digo lo siguiente: el automóvil que estás manejando es producto y resultado de la casualidad o del azar. Y te cuento esta historia: Un día hace mucho, mucho tiempo atrás, en un espacio baldío se acumuló un poco de metal, un poco de plástico y otros materiales y poco a poco, con el correr de los años, sin que nadie hiciera nada, se fueron pegando y mezclando el metal y el plástico junto con los otros materiales y al final resultó el auto que estás manejando. ¿Usted aceptaría y creería esa versión respecto de cómo se formó su auto? Por supuesto que no, nadie que esté cuerdo lo aceptaría. Solo una persona que esté fuera de sí creería eso. ¿Por qué razón? Porque es inconcebible que algo tan complejo, con tantos sistemas y mecanismos, que funcionan coordinadamente, puedan resultar por obra de la casualidad. Nada sucede por casualidad, las cosas no se hacen solas, sin la intervención de un ser inteligente que antes haya pensado y planeado bien lo que quería hacer y cómo lo iba a hacer. Le aseguro, usted puede dejar un montón de metal y de plástico juntos por miles de millones de años y nunca pasará de ser eso, un montón de metal y plástico. El único cambio que sufrirán es que quedarían cubiertos de polvo y tierra, pero nada más. A menos que la inteligencia, humana o divina, intervenga, nada sucederá.

Así es, hay evidencia de diseño en toda la creación, es decir, la creación demuestra o revela, que hubo un ser inteligente que pensó, planificó y visualizó lo que quería hacer antes de crearlo. No surgió solo por un accidente. Lo mismo podemos aplicar para cada producto e invento hecho por el hombre, desde el más grande y complejo, hasta el más pequeño e insignificante. Todo ha sido creado, ya sea por Dios o por el hombre, con un propósito. Cada producto tiene una función: una casa, un barco, un avión, un reloj, una llave, un anillo, una computadora, una lavadora, un lápiz, un botón, un teléfono, un foco, una bolsa, un martillo, un alfiler, etc. Hasta el producto más pequeño e insignificante del mundo tuvo que haber sido diseñado y creado por alguien inteligente. Y antes de crearlo fue necesario pensar en el propósito, finalidad y utilidad que tendría después de ser terminado. Así que cuando algo o alguien funciona de acuerdo con su diseño trae satisfacción a quien lo diseñó y a quien lo usa.

Te invito a que la próxima vez que salgas de tu casa observes a tu alrededor y prestes atención, porque en varias ciudades hay muchos nuevos edificios construyéndose. Y en muchas de esas nuevas construcciones, aun cuando apenas están haciendo las excavaciones del edificio que levantarán, los arquitectos e ingenieros ya tienen la imagen de cómo se verá el edificio terminando (incluso muchas veces ponen fotos de cómo se verá). Ellos no se pusieron a excavar pensando "a ver, qué podemos hacer en este terreno". Ellos saben perfectamente qué es lo que quieren hacer, para qué lo quieren hacer, cómo lo van a hacer y los materiales que necesitan para hacerlo. Lo saben todo antes de siquiera poner la primera piedra. Si el hombre sabe planear y diseñar lo que construye, cuánto más el creador del universo, con todo lo que existe en la naturaleza, tuvo que haberlo planeado. Acaso piensas que una mariposa surgió por casualidad, o un pájaro vuela solo porque se le ocurrió a él probar sus alas, eso es absurdo. Considerar la exactitud del sistema solar, las distancias precisas que existen entre los planetas; el movimiento de rotación y de translación de la tierra; el cuerpo humano con sus cinco sentidos; la mezcla del aire; la composición del agua; la diversidad de plantas y animales; los ecosistemas, los seres microscópicos, etc. Podemos deducir que hay una inteligencia detrás de todo lo creado. Es absurdo pensar y creer que tanta exactitud sucedió por obra de la casualidad. Qué hombre con suficiente razón podría aceptar tal cosa, solo alguien que no piensa y que está fuera de sí aceptaría eso.

¿Acaso no disfrutamos y sentimos placer cuando algo funciona bien?, por supuesto que sí. Y si algo funciona bien, es simplemente porque cumple con el propósito por el cual fue creado. La evidencia del diseño comprueba la existencia de inteligencia detrás de lo creado. Solo hace falta abrir los ojos y querer ver al Creador a través de todo lo que nos rodea y dejarnos maravillar a diario en cosas básicas y cotidianas.

Con toda la evidencia presentada hasta aquí es suficiente para convencer a cualquiera de la verdad, pero la siguiente evidencia que voy a presentar es mi favorita.

4. La evidencia del texto bíblico

Existe evidencia bíblica que demuestra que Dios es quien dice ser: el único Dios verdadero y el Creador del Universo. Veamos esto a continuación.

A.   *Solo Dios puede predecir el futuro con exactitud*

El Dr. Josiah Grauman en una conferencia reciente en *The Mater Seminary* hizo el siguiente comentario: "El argumento de que Dios es Dios; es que él, y solamente él, conoce y puede predecir el futuro con exactitud".

Es verdad, solamente Dios conoce el futuro, por lo tanto, solo él puede predecir las cosas tal y como sucederán. En Isaías 44:6-8, declara el Señor:

> ⁶ *Así dice Jehová Rey de Israel, y su Redentor, Jehová de los ejércitos: Yo soy el primero, y yo soy el postrero, y fuera de mí no hay Dios.*
>
> ⁷ *¿Y quién proclamará lo venidero, lo declarará, y lo pondrá*

en orden delante de mí, como hago yo desde que establecí el pueblo antiguo? Anúncienles lo que viene, y lo que está por venir.

[8] No temáis, ni os amedrentéis; ¿no te lo hice oír desde la antigüedad, y te lo dije? Luego vosotros sois mis testigos. No hay Dios sino yo. No hay Fuerte; no conozco ninguno.

Esta es una prueba contundente. Qué Dios fuera de él puede predecir con exactitud lo que será en lo porvenir, la respuesta es: ninguno. Aceptémoslo, no existe ningún otro dios como el Dios de Israel, quien se revela a sí mismo y quien puede anunciar lo que será en el futuro. He aquí solo algunas de las predicciones hechas por Dios, muchas de las cuales fueron predichas con más de 500 años de anticipación:

1. En Génesis 15:13, *Dios dijo que la descendencia de Abraham sería oprimida 400 años.*

2. En Génesis 41, *Dios predice siete años de abundancia sobre la tierra seguidos por 7 años de sequía.*

3. En Jeremías 25:11; 29:10; Daniel 9:2, *Dios dijo que Israel estaría en el exilio 70 años.*

4. En Isaías 44:28, *Dios dijo que Ciro, el Persa, cumpliría la reedificación de Jerusalén y el templo.*

5. En Daniel 2, *Dios predijo la sucesión de cuatro imperios mundiales seguido por el reinado del Mesías.*

En el Nuevo Testamento se cumplieron más de cien profecías con el nacimiento, vida, muerte y resurrección de Jesús solamente. Estas son algunas:

1. Génesis 49:8-10 dice *que el Cristo sería descendiente de la tribu de Judá.*
2. Miqueas 5:2-5 señala *que Cristo nacería en Belén de Judá.*
3. Isaías 7:13-14 dice *que Cristo nacería de una virgen.*
4. Isaías 9:6 *menciona que Cristo sería Dios.*
5. Isaías 35:5-6 dice *que Cristo sanaría a los enfermos.*
6. Isaías 53 *asegura que Cristo moriría por los pecadores y resucitaría.*
7. Zacarías 9:9 *dice que Cristo entraría en Jerusalén montado en un asno.*
8. Malaquías 3:1 *apunta que Cristo sería precedido por un mensajero.*

Como mencioné, son más de cien profecías cumplidas en la primera venida de Cristo Jesús a la tierra, si deseas ver una lista más exhaustiva sobre dichas profecías, puedes consultar el *Rose Book of Bible charts, Maps & Time Lines, publicado por: Rose Publishing.*

Pero, no solo eso es prueba de que Dios es Dios, hay algo más fuerte y más claro, que cada uno de nosotros podemos comprobar en nosotros mismos y es el siguiente punto.

B. Solo Dios conoce y describe perfectamente el corazón de todos los hombres

Esta sola verdad debería asustarnos. Dios sabe y conoce hasta el más íntimo pensamiento, las intenciones del corazón y las obras que cada uno de nosotros hemos hecho, desde el principio hasta el fin, las conoce perfectamente todas. No hay nada oculto delante de él, David reconoció esto y escribió en el Salmo 139 de la omnisciencia y la omnipresencia de Dios, de modo que tuvo que decir: "estoy maravillado y mi alma lo sabe muy bien..." Te invito a que leas este Salmo y te dejes maravillar por la omnisciencia del Dios vivo. Él conoce cada uno de nuestras acciones y pensamientos, sin faltar a uno de ellos. Conoce el pasado, el presente y el futuro y nada le toma por sorpresa. ¿Has tú reconocido eso de Dios?, ¿es ese el Dios que tú conoces?

Cuentan que en una ocasión un hombre gritaba fuera de la carpa de un circo: "Pasen a ver la bestia más horripilante, cruel, feroz y destructiva que jamás hayan visto, es algo espantoso, le dará miedo con solo mirarla". Muchos entraban y salían muy molestos y enojados con aquel hombre, quien les había cobrado por entrar. Puesto que entraron con la expectativa de encontrarse con un animal muy fiero, pero en el interior de la carpa solo había un espejo muy grande. Y lo único que podían ver era su propia imagen reflejada en el espejo.

Pero ¿qué tan cierta era la descripción que este hombre hacía sobre el ser humano? ¿Será verdad que somos la bestia más cruel y despiadada que existe? Veamos qué dice Dios al respecto.

Jeremías 17:9-10 (RVR1960):

> *9 Engañoso es el corazón más que todas las cosas, y perverso; ¿quién lo conocerá?*

¹⁰ Yo Jehová, que escudriño la mente, que pruebo el corazón, para dar a cada uno según su camino, según el fruto de sus obras

Dios dice que el corazón de los hombres es engañoso y perverso, más que todas las cosas. Leyó bien, hombres y mujeres; pequeños y grandes; de cualquier raza, pueblo, lengua y nación; tenemos un corazón engañoso y perverso. Sin importar cuál sea nuestra posición social, política o religiosa. Aun cuando muchos lo negarán y otros se escandalizarán por ello, es la verdad. Los que lo niegan, son mentirosos y, quienes se escandalizan, son ingenuos que no se conocen ni a sí mismos. Lo cierto es que todos somos pecadores y somos perversos (Romanos 3:9, 23). Hemos pecado, en pensamiento, palabra, obra u omisión. Todos hemos hecho, algo en algún momento de nuestras vidas, de lo cual nos avergonzamos y no quisiéramos que nadie lo supiera. Por eso lo mantenemos en secreto, pero Dios lo sabe y aun así nos ama (eso es misericordia).

Ahora, veamos un ejemplo de cómo es posible que Dios lo sepa todo. En Juan 8:1-11 presenta la historia de una mujer que fue encontrada en el acto mismo del adulterio. Según la ley, esta mujer debía ser apedreada. Los líderes religiosos judíos, según ellos hombres piadosos, la trajeron ante Jesús para saber su respuesta. Jesús sorprendió a todos y los desarmó rápidamente. Jesús les dijo: "El que de vosotros esté sin pecado sea el primero en arrojar la piedra contra ella". Pero ellos, al oír esto, acusados por su conciencia, salían uno a uno, comenzando desde los más viejos hasta los postreros; y quedaron solo Jesús y la mujer que estaba en medio. ¿Qué pasó con sus acusadores?, ¿dónde están?, ¿por qué se fueron? El texto es claro: cada uno, acusado por su conciencia, sabía lo que había hecho, así que se retiraron uno a uno. Nadie estaba libre de pecado. Solo quedó Jesús, porque era el único que no tenía pecado. Todos los demás eran culpables de pecados que nadie más conocía. Solo Dios. Jesús era el único que podía haber tomado una piedra y arrojársela, pero su respuesta fue: ni yo te condeno, vete (libre) y no peques más. Eso es gracia abundante. Amigo, Dios pudiera desarmarnos rápidamente y echar por tierra todos nuestros argumentos en un instante, pero no lo hace, no porque no pueda, sino porque aún no es el tiempo de juzgar a cada uno, según sus obras, pero ese día llegará, tarde o temprano. Seamos sabios, escojamos humillarnos antes que Dios nos humille. Escojamos su gracia antes que su juicio.

Otra historia similar se encuentra en Juan 4. Aquí Jesús tiene un encuentro con una mujer samaritana y después de haber conversado con él, la mujer volvió al pueblo a contarles acerca de Jesús. Les dijo: "Venid, ved a un hombre que me ha dicho todo cuanto he hecho, ¿no será este el Cristo?" (Juan 4:29). En otras palabras, la mujer quedó convencida de que Jesús era el Mesías, porque él conocía perfectamente todo de su vida, sin que ella o alguien más le hubiera contado algo. Jesús no era adivino. ¿Será que Dios también sabe y conoce todo de ti y de mí? Absolutamente sí, sin faltar un solo detalle, el Señor lo sabe todo.

¿Qué te parece este otro pasaje de la Escritura?, en Macos 7:21-23, Jesús dijo:

²¹ Porque de dentro, del corazón de los hombres, salen los malos pensamientos, los adulterios, las fornicaciones, los homicidios,

²² los hurtos, las avaricias, las maldades, el engaño, la lascivia, la envidia, la maledicencia, la soberbia, la insensatez.

²³ Todas estas maldades de dentro salen, y contaminan al hombre.

¿Podría alguien negar que Jesús tenga rayos X? ¿Acaso esto no describe perfectamente el estado de nuestro corazón, mucho mejor que un electrocardiograma? ¿Quién de nosotros podría decir que nunca ha tenido malos pensamientos o cometido algunas de estas maldades en su corazón? Como puedes ver, nuestro problema es muy serio. Tenemos un corazón engañoso y perverso, y Dios lo conoce muy bien, no lo podemos engañar. Él quiere ayudarnos, pero debemos aceptar su ayuda. De lo contrario seguiremos perdidos y hundiéndonos cada día más en la miseria, por el engaño de creer que todo está bien, cuando en realidad el problema es serio y profundo.

Hebreos 4:12-13 (RVR1960):

¹² Porque la palabra de Dios es viva y eficaz, y más cortante que toda espada de dos filos; y penetra hasta partir el alma y el espíritu, las coyunturas y los tuétanos, y discierne los pensamientos y las intenciones del corazón.

¹³ Y no hay cosa creada que no sea manifiesta en su presencia; antes bien todas las cosas están desnudas y abiertas a los ojos de aquel a quien tenemos que dar cuenta.

Apocalipsis 2:23 (NTV):

²³ Heriré de muerte a sus hijos. Entonces todas las iglesias sabrán que yo soy el que examina los pensamientos y las intenciones de cada persona. Y le daré a cada uno de ustedes lo que se merezca.

Juan 2:24-25 (RVR1960):

²⁴ Pero Jesús mismo no se fiaba de ellos, porque conocía a todos,

²⁵ y no tenía necesidad de que nadie le diese testimonio del hombre, pues él sabía lo que había en el hombre.

Estas y muchas otras Escrituras muestran cómo Jesús conocía los pensamientos y las intenciones del corazón de los hombres (Mateo 9:4; 12:25; Juan 6:15; 6:61). Yo no te conozco a ti, me conozco a mí y es suficiente para saber que todos estamos afectados con el mismo mal, el pecado. Solo hay uno que conoce perfectamente a todos y ese uno es Dios. ¿Te atreverías a negar que Dios conoce perfectamente tu corazón?

C.   *Dios existe en sí mismo*

Muchos cuestionan la existencia de Dios de la siguiente manera: Si Dios creó al mundo, entonces ¿quién creó a Dios? La respuesta es simple, nadie. Así es, nadie creó a Dios, Él existe en sí mismo. Porque, si alguien lo hubiera creado, entonces dejaría de ser Dios y pasaría a ser inferior a su creador. Ese alguien que lo creó sería muy superior a Él. Es de esperarse que nosotros no lo entendamos, pues somos inferiores a Él y no lo podemos comprender todo ahora. Esperar que algo creado alcance a entender absolutamente todo de aquel que lo creó es irracional, especialmente cuando no estamos en el estado perfecto en que fuimos creados.

Cuando Moisés preguntó a Dios cuál era su nombre, esto es lo que él respondió:

Éxodo 3:14

Y respondió Dios a Moisés: YO SOY EL QUE SOY. Y dijo: Así dirás a los hijos de Israel: YO SOY me envió a vosotros.

Ese es el nombre de Dios, si alguien lo quiere saber *"YO SOY".* Es decir, por Dios no pasan los años, siglos, milenios y millones de millones de años Él sigue respondiendo *YO SOY.* Su nombre es eterno y perpetuo, no tiene principio, no tiene fin, no ha sido creado por nadie, Dios existe en sí mismo. En Isaías 44:6, Dios declara lo siguiente: "Así dice Jehová, Rey de Israel, y su Redentor, Jehová de los ejércitos: Yo soy el primero, y yo soy el postrero, *y fuera de mí no hay Dios".* En Juan 5:26, Jesús dijo: *"Porque como el Padre tiene vida en sí mismo, así también ha dado al Hijo el tener vida en sí mismo".*

El Padre, el Hijo y el Espíritu Santo tienen vida en sí mismos. Dios no es un ser creado. Aunque nuestras mentes no lo alcancen a comprender, Él es Dios. Y cuando lo alcancemos a comprender será porque ya no estaremos en esta tierra, ni en este cuerpo. Entonces tendremos la imagen del que nos creó antes de la caída en el pecado, es decir, lo entenderemos mejor que ahora, cuando nuestros cuerpos sean glorificados.

En conclusión, estas y muchas más evidencias bíblicas demuestran la veracidad de Dios. Entonces, la ciencia, la tecnología, la filosofía y todas las demás ciencias y ramas de estudio, en vez de ser enemigos que se oponen a Dios, son medios y herramientas útiles que Él ha dejado a nuestro alcance para descubrir y comprobar su existencia. Por lo tanto, *el ateísmo es pura necedad de hombres perversos. Pues, como hemos visto, un verdadero científico es aquel que reconoce la realidad de la existencia de Dios. Nadie puede negar la existencia del Dios, que no ve a través de lo que de Él se ve, es decir, su creación.* Así como un microscopio sirve para revelar ante nuestros ojos la inmensidad de microorganismos, que no podemos mirar a simple vista, o como un telescopio nos revela la vastedad del universo, lo que está más allá del alcance del ojo natural. *Así, también por medio de la fe, podemos descubrir y admirar la grandeza, la belleza y lo sorprendente que es el Dios creador, aunque no lo hemos visto podemos saber que Él es real y que existe.* Y que, más bien, es gracias a que él existe que nosotros también existimos. Pongámonos pues los lentes de la fe y veremos a

Dios en cada instante que vivimos. ¿Cómo podremos negarlo?

Después de todo lo dicho, surgirá en las mentes de algunos la siguiente pregunta: Si todo esto es verdad, entonces, ¿por qué los hombres niegan la existencia de Dios? Permíteme abordar brevemente esta importante pregunta.

¿POR QUÉ SE NIEGA LA EXISTENCIA DE DIOS?

Con toda la evidencia que tenemos, tanto histórica, bíblica, arqueológica, geográfica, científica, etc., ¿cómo es posible que se siga negando la existencia de Dios? En mi opinión, el teólogo del siglo IV llamado Agustín de Hipona nos da una buena razón, él dijo: "Nadie niega a Dios, sino aquel a quien le conviene que Dios no exista". Esa es una buena razón para negar a Dios, ¿no crees? Pero ¿cómo les conviene? O ¿En qué beneficia a los hombres negar que existe Dios? He aquí tres formas en las cuales los hombres se benefician al negar que Dios existe, aunque sea para su propio mal:

1. *Al negar la existencia de Dios, puede también negar la existencia del infierno*

Muchos se asustan, otros se burlan y muchos más ignoran y prefieren evitar cualquier conversación seria que tenga que ver con el infierno. Pero, la Biblia enseña claramente que el infierno es un lugar de tormento, en el cual Dios arrojará como castigo a todos los rebeldes y desobedientes, especialmente por no haber creído en el medio que él proveyó (Jesús) para librarnos de la condenación.

"Nadie niega a Dios, sino aquel
a quien le conviene que Dios no
exista".

Agustín de Hipona

Así que, si los hombres pueden negar que existe Dios, entonces pueden también decir que no existe el infierno y que no hay vida después de la muerte. Esta es la filosofía del liberalismo en todas las esferas sociales de hoy. ¿Cuál es el resultado y la consecuencia de esta mentalidad atea? El caos moral y social en que nos encontramos y del cual estamos hastiados: drogas, alcohol, abortos, enfermedades, asesinatos, vicios y toda clase de inmoralidad y depravación sexual (matrimonios del mismo sexo, poligamia, unión libre, sexo libre), etc. Como ves, no es nada sabio, ni produce ningún bien quitar a Dios de la escena y negar las enseñanzas fundamentales de la Biblia. Al hacerlo, el mundo se derrumba en pedazos, como está sucediendo ante nuestros propios ojos. Porque Dios es el que sostiene y quien le da sentido a todo lo que existe. Negar o aceptar a Dios traerá consecuencias que impactarán nuestras vidas para siempre y nadie se puede librar de ello.

Pero a nadie le conviene más decir que no existe el infierno que a Satanás. Así es, él está detrás de todo ataque en contra de la existencia de Dios. Porque sin Dios el infierno no tiene ningún sentido. Sin Dios no hay infierno que temer. Entonces es Satanás quien ciega la mente y el entendimiento de los hombres, para que crean que Dios no existe. Les hace pensar que el mundo sería mejor sin Dios. *"Satanás es el padre de toda mentira"* (Juan 8:44). Les hace creer a los hombres la mentira de que Dios es un estorbo y un invento del hombre para controlar al hombre. No es por falta de pruebas que se niega a Dios, como hemos visto, sino que es un acto de la voluntad humana influenciado por el diablo. Aunque esto resulte para nuestra propia autodestrucción. "El hombre pretendió encontrar libertad y realización apartado de Dios, solo para convertirse en esclavos del pecado" (Romanos 6:16). El hombre dejó de ser gobernado por Dios para ser gobernado por el diablo. Somos esclavos de aquel a quien obedecemos. ¿A caso no es esto cierto? El hombre se jacta de libertad, pero siempre está obedeciendo a alguien.

El esclavo hace lo que su amo le dice. Si creemos y obedecemos a Dios, él será nuestro amo. "Si creemos y obedecemos la mentira de Satanás, entonces seremos sus esclavos" (Juan 8:31-47). Hay muchos esclavos caminando por las calles todos los días. Así es, aunque no estén encadenados físicamente, ni encerrados tras las rejas, son esclavos. Son esclavos de vicios, de la maldad, del pecado y finalmente del diablo. Esa es la razón del porqué Jesús les dijo: "Así que, si el Hijo os libertare, seréis verdaderamente libres" (Juan 8:36). Los que escucharon a Jesús decir esto se escandalizaron aquel día. Pero es la verdad, la única manera de ser libres es cuando Jesús nos ha liberado. Así que cada uno de nosotros tenemos que escoger: servimos a Dios o servimos a Satanás. Yo escojo obedecer y ser esclavo de Dios antes que de Satanás. ¿Sabes por qué? Porque Dios es un buen amo, que paga y trata bien a sus siervos aun cuando no tenemos derecho a nada. Soy más que feliz sirviendo a mi Señor y Dios.

2. *Al negar la existencia de Dios, pueden también negar el juicio eterno*

Si no existe Dios, y no existe el infierno, entonces no hay juicio eterno, ni vida después de la muerte. Muchos y propagan la mentira de "lo que ves es todo lo que es", lo demás no existe, es irreal. Dicen: vive tu vida, diviértete ahora que puedes, no tienes que darle cuentas a nadie. Esta es la enseñanza y el consejo de hombres pervertidos por Satanás. Pero ahora lea la enseñanza y el consejo de Dios:

Hebreos 9:27:

Y de la manera que está establecido para los hombres que mueran una sola vez, y después de esto el juicio.

Eclesiastés 12:12-14:

[12] Ahora, hijo mío, a más de esto, sé amonestado. No hay fin de hacer muchos libros; y el mucho estudio es fatiga de la carne.

[13] El fin de todo el discurso oído es este: Teme a Dios, y guarda sus mandamientos; porque esto es el todo del hombre.

¹⁴ Porque Dios traerá toda obra a juicio, juntamente con toda cosa encubierta, sea buena o sea mala.

Apocalipsis 20:11-15:

¹¹ Y vi un gran trono blanco y al que estaba sentado en él, de delante del cual huyeron la tierra y el cielo, y ningún lugar se encontró para ellos.

¹² Y vi a los muertos, grandes y pequeños, de pie ante Dios; y los libros fueron abiertos, y otro libro fue abierto, el cual es el libro de la vida; y fueron juzgados los muertos por las cosas que estaban escritas en los libros, según sus obras.

¹³ Y el mar entregó los muertos que había en él; y la muerte y el Hades entregaron los muertos que había en ellos; y fueron juzgados cada uno según sus obras.

¹⁴ Y la muerte y el Hades fueron lanzados al lago de fuego. Esta es la muerte segunda.

¹⁵ Y el que no se halló inscrito en el libro de la vida fue lanzado al lago de fuego.

Tanto el infierno como el juicio eterno son enseñanzas fundamentales de la Palabra de Dios y no las podemos eliminar, aunque queramos. Entonces, estamos en una disyuntiva, el hombre enseña una cosa y Dios enseña otra diferente. Tenemos que decidir, creemos a Dios o a los hombres. Yo prefiero creerle a Dios, es más confiable que los hombres, definitivamente.

El pastor Rick Warren en su libro Una vida con propósito escribió lo siguiente:

Muchos de nuestros problemas ocurren porque fundamentamos nuestras decisiones basadas en factores de autoridad no confiables: la cultura ("todos lo hacen"), la tradición ("siempre lo hemos hecho así"), la razón ("parecía lógico"), o la emoción ("sentíamos que era lo correcto"). Estos cuatro factores son defectuosos por causa de la caída. Lo que necesitamos es una norma perfecta que nunca nos guíe en la dirección equivocada. Sólo la Palabra de Dios satisface esa necesidad.

3. Negar a Dios le da "libertad" al hombre para hacer lo que él quiere (Pecado)

Es lógico y simple, si no existe Dios y no existe el infierno, ni tampoco el juicio eterno, entonces ya no hay nada que detenga a los hombres para hacer lo que quieran y cuando quieran. Sin Dios, no hay nadie que nos estorbe para hacer lo que queremos, piensan los ateos: "ahora tenemos el camino libre". Este es en sí el fondo de toda esta polémica sobre la existencia de Dios. Esta es la mentira más grande que el hombre ha creído y que aún muchos siguen creyendo. Los hombres que niegan a Dios lo hacen porque quieren vivir como se les antoje y no quieren dar cuentas a nadie de sus acciones. Esa es la verdad, a muchos no les gusta vivir con

[23]Rick Warren, Una vida con Propósito. Editorial Vida. Miami, Florida. 2003. p. 202

reglas ni restricciones, quieren vivir a sus anchas y la única forma de "vivir libres", según ellos, es quitando las reglas. El grave problema con esto es que sin reglas ni leyes no hay orden. El mundo entero se convierte en una anarquía, donde reina el caos, el desorden total, la violencia, tal y como estamos viviendo hoy. ¿Acaso es esto mentira?, ¿o me lo estoy inventando yo, porque quiero controlar a los demás?

Escuche nuevamente lo que dijo Blaise Pascal:

> Prefiero equivocarme creyendo en un Dios que no existe, que equivocarme no creyendo en un Dios que existe. Porque si después no hay nada, evidentemente nunca lo sabré, cuando me hunda en la nada eterna; pero si hay algo, si hay Alguien, tendré que dar cuenta de mi actitud de rechazo.

La lucha contra la verdad es de vida o muerte. *Es importante y urgente que el hombre descubra la verdad antes de que muera, de lo contrario morirá en la mentira y se perderá por la eternidad.* Si el hombre cree que Dios no existe, está quitando el fundamento que sostiene el universo entero y la misma vida del hombre sobre la tierra. Si Dios es simplemente un invento del hombre para controlar al hombre, como muchos piensan, entonces estamos perdidos. ¡Ay, de nosotros! Sin Dios en este mundo no nos queda nada a que aferrarnos, que nos sostenga cuando los embates de la vida lleguen (y créeme llegarán). Solo queda tristeza, dolor, sufrimiento, muerte y desesperación. "Dios es el que sostiene todo el universo" (Colosenses 1:15-17). Si lo quitamos de la ecuación, lo hacemos para nuestra propia autodestrucción. Nuestras vidas no tendrán rumbo ni dirección, aun cuando tratemos de darle sentido jamás lo lograremos separados de Dios. Seremos como un barco a la deriva, llevados por cualquier viento de doctrina, filosofía y pensamiento humano, sin llegar nunca a puerto seguro donde poder descansar. Todo lo contrario sucede cuando aceptamos por la fe que Dios existe y que Él nos creó. Entonces nuestras vidas descansan seguras en la sólida y confiable Palabra de Dios.

[24]https://es.wikiquote.org/wiki/Blaise_Pascal

Capítulo 4
EXPULSADOS DE LA PRESENCIA DE DIOS
¿Cómo, cuándo, dónde y por qué sucedió?

He aquí, solamente esto he hallado: que Dios hizo al hombre recto,
pero ellos buscaron muchas perversiones.
(Eclesiastés 7:29)

En el principio, todo lo que Dios creó era perfecto, incluso al hombre lo hizo perfecto, pero nosotros lo hemos complicado todo. Dios nunca ha hecho nada malo, ni lo hará. Aun cuando muchos culpen a Dios por el mal y la miseria que existe en el mundo. Él no es culpable de nada de lo que se le acusa (con esto no estoy defendiendo a Dios, él no necesita de mi ayuda, lo que estoy tratando es aclarar esta verdad en la mente de muchos que lo ignoran). De lo único que Dios es culpable es de habernos hecho rectos y habernos dado libertad. Nosotros somos los que nos pervertimos y en esto nada tiene que ver Dios. Nos dio a todos por igual libre albedrio, esto es, la libertad para escoger voluntariamente obedecer o desobedecer. La primera pareja, Adán y Eva, en el huerto optaron, por voluntad propia, la desobediencia. Prefirieron hacer las cosas a su manera, dando así la espalda a Dios. Aunque pensemos y creamos que somos autosuficientes, no lo somos. Necesitamos a Dios y de Dios a cada instante en nuestras vidas. No podemos vivir exitosamente separados de Dios, nadie puede, ni podrá. Aunque lo intente una y otra vez, siempre fracasará en esto. Porque fuimos creados para vivir exitosamente en dependencia de Dios. Jesús dijo en Juan 15:5c *"… porque separados de mí nada podéis hacer". Por supuesto, estas palabras ofenden al ego y el orgullo del hombre natural, quien se cree inteligente y autosuficiente. Hoy en día, muchos se consideran capaces de hacer todo sin necesidad de Dios. Esta fue precisamente la mentalidad con la que Satanás influenció a Eva y es también aquí donde radica nuestro principal problema. Lo que motivó la caída en el pecado fue creerse autosuficiente y querer vivir sin Dios, pero querer vivir así es buscarse muchos problemas.*

Entonces sí es verdad que Dios existe y que se ha revelado a nosotros a través de la creación, de la Biblia y, en última instancia, a través de Jesucristo. ¿Cómo es posible que no reconozcamos esta verdad tan clara y obvia desde muy temprano en nuestras vidas? ¿Y que no haya una enseñanza sólida y consistente al respecto? ¿Qué es lo que ha provocado que el hombre no reconozca a Dios como el creador? Es necesario ir al relato bíblico, porque es la única manera en que descubriremos cómo y por qué sucedió. Veamos cómo fue el proceso para llegar hasta aquí.

Dios creó los cielos y la tierra

"En el principio creó Dios los cielos y la tierra" (Génesis 1:1). La Biblia es el libro más traducido, en forma parcial y completa, de la historia. Esto hace que la Biblia sea el libro más vendido y el más leído de todos los tiempos. Pero no ha sido fácil lograr ese récord, porque a la misma vez la Biblia es el libro que más ha sufrido ataques. Ha sido objeto de críticas, burlas y oposición como ningún otro. Ha sido quemada y prohibida su reproducción, así como leerla y estudiarla. Su mensaje es, para muchos, ofensivo, controversial, debatido y, para muchos más, hasta mitológico. Pero, aun con todo y las opiniones negativas y rechazos de hombres perversos, la Biblia seguirá diciendo: "En el principio creó Dios los cielos y la tierra". ¿Qué parte no hemos entendido de esta simple y a la vez poderosa oración?

El Salmo 24:1-2 dice: "De Jehová es la tierra y su plenitud; el mundo y los que en él habitan. Porque él la fundó sobre los mares, y la afirmó sobre los ríos".

Dios tiene el título de propiedad sobre el universo. Todo lo que hay en la tierra es de Él y le pertenece. No hay nada en este universo que Dios no haya hecho. Por lo tanto, nada ni nadie está fuera de su control y dominio. Nada somos y nada tenemos. Ni siquiera el aliento que es nuestro, todo se lo debemos a él. Perdóneme que sea tan repetitivo en esto, pero es menester que lo sea porque muchas veces, siendo hombres mortales, actuamos como si fuéramos los dueños del mundo y no es así. ¿Dónde queda entonces tanta arrogancia que como hombres tenemos? Queda destruida y desecha ante la magnificencia y el poder de Dios. Entonces la Biblia afirma y declara que Dios es el creador de los cielos y la tierra. Aunque la Biblia no responda a todas nuestras interrogantes, sí nos deja saber lo suficiente para que cualquier hombre pueda vivir una vida bendecida, fructífera, llena de significado y propósito.

Dios creó al hombre a su imagen y semejanza

¿El hombre creado a imagen de Dios o dios creado a imagen de hombre?, o crees lo primero o terminas haciendo lo segundo. Después de que Dios creó los cielos y la tierra, creó al hombre a su imagen y a su semejanza. Eso es lo que la Biblia dice. Ahora, ¿qué significa esto exactamente? Génesis 1:26-27, dice:

> *²⁶Entonces dijo Dios: Hagamos al hombre a nuestra imagen, conforme a nuestra semejanza; y señoree en los peces del mar, en las aves de los cielos, en las bestias, en toda la tierra, y en todo animal que se arrastra sobre la tierra.*
>
> *²⁷ Y creó Dios al hombre a su imagen, a imagen de Dios lo creó; varón y hembra los creó.*

El teólogo Wayne Grudem hace el siguiente comentario sobre el significado de este texto:

> De todas las criaturas que Dios hizo, solo una, el hombre, se dice que fue creado "a imagen de Dios". ¿Qué significa esto? Podemos usar la siguiente definición: El hecho que el hombre está formado a la imagen de Dios quiere decir que el hombre es como Dios y representa a Dios.
>
> Cuando Dios dice: "Hagamos al hombre a nuestra imagen, conforme a nuestra semejanza" (Gn 1:26), el sentido es que Dios planeaba hacer una criatura similar a él. La palabra hebrea que se traduce "imagen" (tselem) y la palabra hebrea

que se traduce "semejanza" (demut) se refieren a algo que es similar, pero no idéntico a aquello que representa o de los que es una "imagen". La palabra imagen también se puede usar para denotar algo que representa otra cosa."[25]

Entonces Dios quería a alguien que lo representara y que fuera idéntico a Él, que se pareciera a Él en la tierra, para que cumpliera con su plan y su voluntad. En Génesis 1:31, leemos: "Y vio Dios todo lo que había hecho, y he aquí que era bueno en gran manera". Es decir, Dios se agradó de todo lo que había hecho y quedó satisfecho. Todo estaba en perfecto estado, sucedió tal y como él lo planeó. No había nada más que hacer, por lo tanto, descansó en el día séptimo (Génesis 2:3). Hasta aquí todo iba bien, pero ¿qué sucedió después?, sigamos avanzando y lo descubriremos.

Dios puso al hombre en el huerto

Génesis 2:8, 15-17 dice:

[8] Y Jehová Dios plantó un huerto en Edén, al oriente; y puso allí al hombre que había formado.

[15] Tomó, pues, Jehová Dios al hombre, y lo puso en el huerto de Edén, para que lo labrara y lo guardase.

[16] Y mandó Jehová Dios al hombre, diciendo: De todo árbol del huerto podrás comer;

[25]Grudem, Wayne, Teología Sistemática. Editorial: Vida. Miami, Florida. (2007). pp. 462, 463

[17] mas del árbol de la ciencia del bien y del mal no comerás; porque el día que de él comieres, ciertamente morirás.

1. Dios entregó un huerto especial al hombre

Primero Dios creó los cielos y la tierra, luego creó al hombre a su imagen y semejanza para que lo representara. Después plantó un huerto especial en el Edén, un jardín hermoso que Dios entregó en sus manos a los hombres para que lo cultivaran y velaran por él. Esa era su tarea, esa era su responsabilidad y su encomienda. Si alguna vez has admirado la belleza de un jardín, imagínate cómo sería ese jardín que Dios plantó y que ahora era el hogar del hombre.

2. Dios le dio un mandamiento al hombre

Leyó bien, un solo mandamiento, una sola prohibición. No mil, no cien, no diez, ni siquiera dos, solo uno. Y no pudieron cumplirlo. Fue claro, Dios le dijo al hombre: "todo es tuyo, está a tu disposición". Solo hay una cosa que no debes hacer: no comas del árbol de la ciencia del bien y del mal, porque, si lo haces, morirás. La Biblia ciertamente no revela qué clase de fruto era, eso no es relevante para nosotros ahora, pero Adán y Eva sabían bien de qué árbol Dios estaba hablando y cuál era el fruto. Ellos podían identificarlo, sabían dónde estaba y podían llegar fácilmente a él. No había restricciones ni barreras, solo la Palabra que Dios les había dado. Si estaban dispuestos a obedecer, seguirían viviendo en comunión con Dios y disfrutando del huerto. El fruto de un solo árbol era prohibido, era lo único que no podían comer. Si desobedecían, morirían inmediatamente. Podría alguien preguntar ¿por qué Dios puso el árbol de la ciencia del bien y del mal en el huerto en última instancia? El teólogo Walter C. Kaiser responde muy bien a esta pregunta, dijo:

<u>Para probar la obediencia del hombre y el libre albedrio de seguir a su Creador</u>, Dios coloco el árbol de la ciencia del bien y del mal en el jardín del Edén con la prohibición de que Adán y Eva no comieran de su fruto. Como tal, el árbol no contenía encimas ni vitaminas mágicas, *sólo estaba allí para la posibilidad de la rebelión del hombre contra la sencilla palabra de Dios.* Al comer de su fruto, la humanidad "conocería" personalmente, es decir, gustar por experiencia el lado opuesto de todo el bien que experimentaron. (Énfasis añadido)

Creo que es acertada y correcta la respuesta. Dios puso el árbol del bien y del mal en el huerto solo para probar la obediencia del hombre, solo para probar la posibilidad de la rebelión del hombre, le dio opciones. Dios quiere que le sirvamos y que le obedezcamos por amor, no por compromiso o porque no tenemos otra opción. Sino porque voluntariamente lo escogemos a Él sobre todas las demás opciones. Nos dio libertad, aun cuando sabía que podíamos no escogerlo a Él. Para aquellos que lo dudan esa es la demostración más grande de amor, la libertad. Hasta aquí todo iba bien, había paz, armonía y belleza, pero algo interrumpió la paz, armonía y belleza que había en el paraíso.

El hombre ante la tentación

Al contrario, cada uno es tentado cuando se deja llevar y seducir por sus propios malos deseos. El fruto de estos malos deseos, una vez concebidos, es el pecado; y el fruto del pecado, una vez cometido, es la muerte.

(Santiago 1:14-15. RVC)

Lo primero que quiero decir aquí es que no es pecado ser tentado, Jesús fue tentado y no pecó. Pecado es no resistir y caer en la tentación o en la trampa. En otras palabras, hacer aquello que sabemos que es prohibido y que no es correcto, eso es pecado. Lo segundo que debo decir es que Dios no es la fuente de la tentación. La Biblia es clara en esto, Dios no tienta a nadie (Santiago 1:13). Dios le dio solo un mandamiento al hombre, Satanás fue el que puso la tentación y la trampa, y el hombre cayó. Es importante que entendamos este punto porque es aquí donde se originan todos nuestros problemas y es la raíz de nuestros sufrimientos. El hombre y la mujer no pudieron resistir la tentación, porque buscaban su gloria, no la de Dios, por eso desobedecieron. En Génesis 3:1-5 leemos:

1 Pero la serpiente era astuta, más que todos los animales del campo que Jehová Dios había hecho; la cual dijo a la mujer: ¿Conque Dios os ha dicho: No comáis de todo árbol del huerto?

2 Y la mujer respondió a la serpiente: Del fruto de los árboles del huerto podemos comer;

[26]Hacia una Teología del Antiguo Testamento, Walter C. Kaiser, Editorial Vida, Miami, Florida. 2000. p. 104

³ pero del fruto del árbol que está en medio del huerto dijo Dios: No comeréis de él, ni le tocaréis, para que no muráis.
⁴ Entonces la serpiente dijo a la mujer: No moriréis;
⁵ sino que sabe Dios que el día que comáis de él, serán abiertos vuestros ojos, y seréis como Dios, sabiendo el bien y el mal.

Lo que Satanás atacó en el jardín del Edén fue la autoridad y la veracidad de la Palabra de Dios. Astutamente sembró en la mente de Eva la duda. "¿Qué tal si lo que Dios dijo no es verdad?", razonó ingenuamente Eva. Lo segundo que Satanás hizo fue apelar a los deseos y emociones de la mujer. Como puedes ver, es lo mismo que sucede en nuestros días. Es la misma tentación, vieja y antigua, que Satanás usó en contra de Eva y que usa contra nosotros siempre. Esta es la más grande y la más fuerte tentación que cualquier ser humano pueda enfrentar y que, de hecho, debemos enfrentar. ¿Es la Biblia la Palabra de Dios o no? ¿Tiene o no autoridad y relevancia para nosotros hoy? Es aquí donde nace y se origina toda duda y cuestionamiento sobre la fe y la verdad de Dios. Esta es la verdadera razón por la cual los hombres cuestionan y refutan la Palabra de Dios. Fue Satanás quien convenció a la mujer y le hizo creer la mentira de que Dios no les había dicho la verdad. Si fallamos en creer que Dios dice la verdad, lo demás será un bocado para Satanás. Él tomará ventaja y autoridad sobre nosotros, él habrá ganado. Aunque ni usted ni yo podemos ver físicamente a Satanás (espero que así sea), sí podemos ver su obra de maldad a través de aquellos que usa. Lamentablemente muchos prestan más atención a las mentiras de Satanás que a la verdad de Dios. ¿Cómo es eso posible?, sucede de la siguiente manera: cuando una persona escucha predicar o citar la Biblia, la Palabra de Dios, muchos cuestionan y dicen "no eso no es verdad, es palabra de hombres". Ellos en ese momento están escuchando la voz de Satanás, quien les ha sembrado la duda en sus mentes y en sus corazones. Lea cuidadosamente Génesis 3:1-5 y verás que es la misma situación, solo que no es en el huerto y no es con Eva con quien Satanás está tratando, sino con cada uno de nosotros.

Dios había dicho "moriréis", Satanás dijo "no moriréis". La pregunta que entonces Eva y Adán debían responder es: ¿Quién dice la verdad? Y, ¿a quién le creeremos? Ellos escogieron creer y obedecer a Satanás antes que a Dios. Ese fue un día triste, sombrío y doloroso para ellos y el resto de la humanidad. Esa fue su decisión y lo que ellos escogieron. ¿Cuál será tu decisión?, te toca a ti responder. Muchos podrían estarse preguntando: ¿Qué culpa tengo yo de lo que Eva y Adán hicieron? Por favor, preste mucha atención a lo que voy a decir ahora, porque es muy importante. Adán y Eva fueron el prototipo que Dios creó; esto es, Adán y Eva nos representaron a usted, a mí y a cada ser humano que ha nacido y que nacerá. En otras palabras, Adán y Eva fueron el primer modelo de hombres que Dios hizo y después de ellos todos los demás seres humanos serían iguales. Así que, como actuaron ellos, así también nosotros, no habría ninguna diferencia si Adán fueras tú y tú fueras Adán. Habrías tú y habría yo escogido desobedecer de la misma manera que lo hicieron Adán y Eva aquel día. No tenemos por qué echarle la culpa ni a Dios, ni a Adán. Hoy cada uno de nosotros, así como Adán y Eva, tenemos la responsabilidad de escoger entre obedecer o desobedecer el mandato de Dios.

Aunque la historia de la caída en el pecado pasó hace miles de años atrás, y no estuvimos físicamente allí, tiene relevancia para nosotros hoy. Su importancia y relevancia es esta: cada uno de nosotros, al igual que Adán y Eva (nuestros prototipos en el Edén), debemos decidir a quién le creeremos y quién dice la verdad, ¿Dios o Satanás? Nadie puede escapar a esta realidad, todos los días tenemos que tomar decisiones y la más importante es: ¿creeremos la verdad de Dios o la mentira de Satanás? Nadie puede quedar en punto medio. No existe el huerto, no existe el árbol ahora, pero sí existe la Palabra que Dios nos ha hablado y tenemos que decidir. Creeremos a Dios o creeremos a Satanás. La consecuencia de nuestra decisión será la misma. Si escogemos creer la mentira antes que la verdad, las consecuencias no se harán esperar y tarde o temprano causará sus efectos: pena, dolor, sufrimiento, muerte y destrucción. A nosotros mismos y también a nuestros descendientes. Todas nuestras acciones y decisiones, sean buenas o malas, tienen consecuencias y nadie las puede evitar, nadie.

El primer pecado (La desobediencia)

> *Todo aquel que comete pecado, infringe también la ley;*
> *pues el pecado es infracción de la ley.*
> (1 Juan 3:4)

En otras palabras, toda desobediencia es pecado y todo pecado es desobediencia. El pastor Rick Warren recalcó:

Dios no nos debe ninguna aclaración ni explicación de motivos cuando nos pide que hagamos algo (o que dejemos de hacerlo). *Para entender, podemos esperar, pero para obedecer, no.* La obediencia instantánea nos enseña más acerca de Dios que una vida de estudios bíblicos. En realidad, nunca entenderás algunos mandamientos sino los obedeces primero. *Obedecer abre la puerta al entendimiento. (Énfasis añadido).*

Dios esperaba obediencia de parte del hombre y he aquí que recibió desobediencia. En Génesis 3:6 leemos:

Y vio la mujer que el árbol era bueno para comer, y que era agradable a los ojos, y árbol codiciable para alcanzar la sabiduría; y tomó de su fruto, y comió; y dio también a su marido, el cual comió así como ella.

Una vez que Satanás apeló a los deseos de la mujer y despertó en ella la curiosidad, vio las cosas diferentes. Vio con otros ojos el fruto del árbol prohibido. Había codicia en su mirada. La codicia es concebir en la mente y en el corazón el pecado antes de llevarlo a cabo. Lo siguiente que hizo Eva fue tomar del fruto, se lo acercó más, ya estaba en sus manos. Lo demás fue más fácil, comió del fruto. Y, por último, no solo comió ella, sino que dio también a su marido. Alguien pudiera culpar a Eva por el pecado de Adán. En realidad, Eva le dio del fruto, pero no lo obligó a comer. Fue voluntariamente que Adán comió al igual que Ella. Es difícil resistir la tentación cuando ya tienes la intención de hacerlo. Sucede igual con nosotros. Es la misma estrategia que Satanás usa una y otra vez y es el mismo proceso, tengamos cuidado. Jesús dijo que la codicia nace y sale del corazón (Mateo 15:19-20). Si no cuidamos nuestro corazón continuamente, corremos el peligro de caer en pecado.

¿Cuánto tiempo pasó desde la creación en Génesis 1 hasta el momento de la caída en Génesis 3? No lo sé, no sabemos ese dato, la Biblia no dice nada y por lo tanto no voy a especular al respecto. Hay dos cosas claras que sí sabemos. La primera, es que el hombre y la mujer tenían que cumplir un solo mandamiento si querían disfrutar de un paraíso lleno de delicias y de la comunión con Dios. La segunda, es que no lo pudieron cumplir, cometieron pecado. ¿Por qué Dios no hizo nada por impedir que el hombre pecara sabiendo el daño que les causaría a ellos y al resto de la humanidad? Porque les había dado libertad. Ellos habían sido advertidos, sabían suficiente, sabían lo que estaban haciendo. Fue un acto deliberado de desobediencia. Cuando pecaron, tenían plena conciencia de lo que hacían. No fue nada sabio, ni responsable, su accionar. Es idéntica nuestra manera de pensar y de actuar hoy. Muchos dicen "No importa, estoy dispuesto a cargar con las consecuencias de mis acciones", pero en realidad el precio que hay que pagar por el pecado es muy elevado, es demasiado alto y no lo podemos sobrellevar.

Cuando racionalizamos nuestra desobediencia, no vemos tan mal las faltas que cometemos. Tratamos de minimizar la ofensa y de justificar nuestras acciones. Más bien, tratamos de culpar a otros por nuestras malas decisiones. Cuestionamos: "¿por qué Dios tuvo que poner ese árbol ahí? ¿Por qué fue tan severo en su juicio?, ¿no debería haberles dado otra oportunidad?" Para aquellos que acusan a Dios de ser un juez muy severo al condenar al hombre, imagínese que Dios les hubiera dicho: desobedecer una vez está bien, pero no lo hagan dos veces. Es como decir: matar a una persona no está mal, pero matar a dos, eso sí ya es pecado. *Al mal no se le pueden dar muchas oportunidades, una sola vez es suficiente y es grave.* No podemos, ni debemos, culpar a Dios por las consecuencias de nuestras acciones, cuando él nos advirtió claramente del peligro. Ante la justicia de Dios no eran inocentes, porque lo que hicieron fue un acto deliberado, lo hicieron aun sabiendo las consecuencias que sufrirían, no había inocencia en sus actos. Prestaron más atención a la voz de Satanás que a la de Dios y decidieron seguir su propio camino. Ignoraron completamente el mandamiento que Dios les había dado.

Las consecuencias de la desobediencia

Una vez que Adán y Eva decidieron comer del fruto prohibido, las consecuencias no se hicieron esperar. Sabemos el resto de la historia. Pero ¿se cumplió o no la palabra que Dios les había dado? ¿Cómo es qué no murieron? ¿Qué pasó exactamente? Claro que sí, la palabra de Dios se cumplió, tal y como les había dicho. Inmediatamente después del pecado hubo una separación entre Dios y el hombre. Adán y Eva murieron espiritualmente y perdieron la importante y vital comunión con Dios, de la cual dependían sus vidas. Solo era cuestión de tiempo, la muerte física llegaría a ellos tarde o temprano. Después de la desobediencia, el espíritu del hombre murió (se separó de Dios). Eso es lo que el pecado hace: nos separa y nos aparta de Dios. Esto Satanás lo sabía por experiencia propia (Isaías 14:11-17; Ezequiel 28:11-19). Él fue expulsado del paraíso por su soberbia, y quería que pasara lo mismo con el hombre, y lo logró. Desde entonces el hombre y la mujer fueron sacados de la presencia de Dios y ya nada fue como antes. No porque Dios ya no los amara, sino por la santidad de Dios. El hombre no puede habitar ante la santidad de Dios en condición de pecado, de lo contrario moriría físicamente y de inmediato. La santidad de Dios es tal que fulminaría al pecador instantáneamente. Dios no tolera el pecado y nadie puede vivir delante de Dios en esa condición. Entonces vemos que fue por la gracia de Dios que el hombre fue expulsado del paraíso. Dios pudo matarlo inmediatamente, pero no lo hizo por amor al ser humano.

La primera consecuencia que Dios les dijo que sufrirían era la muerte. Ahora, creo importante mencionar que la Biblia habla de tres tipos de muerte, ya que la mayoría de las personas solo conocen y están familiarizadas con una. Esto es lo que el diccionario bíblico Holman dice al respecto:

Estas son las enseñanzas de la Biblia acerca de la muerte en tres categorías diferentes pero interrelacionadas: física, espiritual y eterna.

La muerte física: los capítulos iniciales del Pentateuco (los primeros cinco libros de la Biblia) ubican claramente el origen de la muerte humana en la rebelión del Edén (Génesis 3:1-9). Esta mortalidad alcanzó a Adán (Génesis 5:5) y es una certeza para todos sus descendientes (1 Corintios 15:21, 22). Dios ha fijado una hora para la muerte de cada ser humano (Hebreos 9:27). En su estado caído y finito, los seres humanos son incapaces de evitar la realidad de la muerte (Salmo 89:48).

La muerte espiritual: los resultados catastróficos de la caída de Adán no se limitan a la muerte corporal. Las Escrituras caracterizan a la humanidad caída como "muertos en delitos y pecados" (Efesios 2:1; Colosenses 2:13). Los seres humanos nacen con una sentencia de muerte, pero también con deseos corruptos e inclinados, que los someten por completo como si estuvieran "muertos" ante el peligro de su culpa acumulada (Efesios 4:18, 19). Por todo esto la humanidad está separada de su creador. La muerte pasa por alto lo que puede verse claramente acerca de Dios en la creación y prefiere adorar ídolos (Romanos 1:21-23).

La muerte eterna: la muerte corporal no termina con la responsabilidad de los seres humanos rebeldes ante el santo tribunal de Dios. Después de la hora designada para la muerte viene el juicio (Hebreos 9:27). En contraste con el momentáneo aguijón de la muerte física, la muerte que aguarda al pecador en el último juicio se describe como consciente (Mateo 8:12) y eternamente implacable (Marco 9:43). La universalidad del pecado significa que cada uno de los seres humanos merece esta expresión suprema de la justicia de Dios (Romanos 3:23), con excepción de Jesús de Nazaret, quien no cometió pecado. [27]

Entonces hay tres categorías de muerte: física, espiritual y eterna. Aunque nadie niega la realidad de la muerte física, pues es algo evidente en cada ser humano. Sin excepción, todos y cada uno moriremos algún día. Sin embargo, muchas personas niegan, no creen ni son conscientes de la muerte espiritual, ni de la muerte eterna. Esto es consecuencia de nuestra condición de caídos. Nuestro entendimiento fue entenebrecido por causa del pecado y somos ciegos espiritualmente, aunque físicamente no. No podemos ver el reino espiritual, pero existe. Es esa la razón por la cual muchos ignoran, no creen y aun niegan que exista muerte espiritual y eterna.

En Génesis 3:7-19 y 23 leemos:

⁷ *Entonces fueron abiertos los ojos de ambos, y conocieron que estaban desnudos; entonces cosieron hojas de higuera, y se hicieron delantales.*

⁸ *Y oyeron la voz de Jehová Dios que se paseaba en el huerto, al aire del día; y el hombre y su mujer se escondieron de la presencia de Jehová Dios entre los árboles del huerto.*

⁹ *Mas Jehová Dios llamó al hombre, y le dijo: ¿Dónde estás tú?*

¹⁰ *Y él respondió: Oí tu voz en el huerto, y tuve miedo, porque estaba desnudo; y me escondí.*

¹¹ *Y Dios le dijo: ¿Quién te enseñó que estabas desnudo? ¿Has comido del árbol de que yo te mandé no comieses?*

¹² *Y el hombre respondió: La mujer que me diste por compañera me dio del árbol, y yo comí.*

¹³ *Entonces Jehová Dios dijo a la mujer: ¿Qué es lo que has hecho? Y dijo la mujer: La serpiente me engañó, y comí.*

¹⁴ *Y Jehová Dios dijo a la serpiente: Por cuanto esto hiciste, maldita serás entre todas las bestias y entre todos los animales del campo; sobre tu pecho andarás, y polvo comerás todos los días de tu vida.*

^{15} *Y pondré enemistad entre ti y la mujer, y entre tu simiente y la simiente suya; ésta te herirá en la cabeza, y tú le herirás en el calcañar.*

^{16} *A la mujer dijo: Multiplicaré en gran manera los dolores en tus preñeces; con dolor darás a luz los hijos; y tu deseo será para tu marido, y él se enseñoreará de ti.*

^{17} *Y al hombre dijo: Por cuanto obedeciste a la voz de tu mujer, y comiste del árbol de que te mandé diciendo: No comerás de él; maldita será la tierra por tu causa; con dolor comerás de ella todos los días de tu vida.*

^{18} *Espinos y cardos te producirá, y comerás plantas del campo.*

^{19} *Con el sudor de tu rostro comerás el pan hasta que vuelvas a la tierra, porque de ella fuiste tomado; pues polvo eres, y al polvo volverás.*

^{23} *Y lo sacó Jehová del huerto del Edén, para que labrase la tierra de que fue tomado.*

Veamos los efectos, las reacciones y las consecuencias inmediatas del primer pecado:

Los efectos en el hombre

a. Sus ojos fueron abiertos. ¿Qué quiere decir con esto?, ¿acaso tenían los ojos cerrados antes de pecar? No necesariamente. Lo que está diciendo es que sus ojos fueron abiertos a la realidad de lo que había sucedido. No alcanzaban a comprender lo que sucedería, pero ahora lo podían ver claramente. Comprendieron que no se cumplió lo que Satanás les dijo, que "serían como Dios", eso no sucedió. Se cumplió la Palabra de Dios, el hombre y la mujer murieron. Satanás, con sus mentiras, les había segado su entendimiento. Fue muy tarde cuando comprendieron que Dios les había dicho la verdad y que Satanás los engañó.

b. Conocieron que estaban desnudos. Cuando descubrieron su desnudez, se avergonzaron. Todo intento del hombre por cubrir su pecado es inútil. Las hojas de higuera que usaron ilustran o representa lo frágiles y temporales que son los intentos del hombre por cubrir su pecado delante de Dios.

c. Trataron de esconderse de la presencia de Dios. ¿Quién puede esconderse de Dios? ¿Acaso no sabe Dios dónde y cómo estamos? Esta acción del hombre revela completamente que ellos perdieron la noción de quién es Dios. Se olvidaron completamente de que él es omnisciente. Nadie se puede esconder de su presencia, él está en todas partes y lo sabe todo.

La reacción de Dios

Dios llama a cuentas al hombre. Cuando Dios llama a Adán y le pregunta ¿Dónde estás tú? Esto no quiere decir que Dios no sabía dónde estaba. Él buscaba la sinceridad del hombre, que confesara su pecado y se arrepintiera, lamentablemente eso no sucedió. Dios no necesita que le digamos lo que hemos hecho, porque Él lo sabe todo. Solo busca nuestra sincera confesión y arrepentimiento. Es decir, reconocer nuestro pecado, confesarlo y renunciar a él, dar media vuelta o cambiar de dirección. Dios vino a buscar al hombre, pero las cosas habían cambiado. Ya nada fue igual.

La respuesta del hombre y la mujer

a. El hombre se excusa. Cuando Dios confrontó al hombre le echó la culpa a la mujer. Dios buscaba confesión y arrepentimiento, y el hombre solo pudo decir: "no fue mi culpa". Una excusa fue toda su respuesta. Las excusas no ayudan en la solución de problemas, solo los empeoran. Los problemas no se resuelven solos, hacemos algo para resolverlos o nunca se resolverán. Dejemos de excusarnos y aceptemos nuestra responsabilidad. Proverbios 28:13 dice: "El que encubre sus pecados no prosperará; mas el que los confiesa y se aparta, alcanzará misericordia".

b. La mujer se excusa. La mujer siguió el ejemplo del hombre, en vez de aceptar y reconocer su culpa dijo: "la serpiente me engañó y comí". Lo único bueno que reconoció es que fue engañada. Es triste que solo hasta después de hacer lo malo nos damos cuenta de lo engañados que estábamos.

Dios ejecuta juicio y sentencia

Cada uno de los involucrados en este acto de pecado recibió su justo juicio. Nadie escapó, ni la tierra, que no tuvo nada que ver, y recibió castigo. Dios maldijo a la serpiente y maldijo a la tierra, pero no al hombre ni a la mujer. Alguien podría objetar, eso no es justo. Por supuesto que no. Pero, en vez de creernos más justos que Dios y juzgarlo por eso, deberíamos estar agradecidos por su inmenso amor y misericordia para cada uno de nosotros. ¿Sabes por qué? Porque ni usted, yo, ni nadie podría soportar la maldición de Dios ni un solo día. Jesús nunca pecó, vivió una vida en total obediencia al Padre y fue maldecido en lugar de nosotros, Él murió en la cruz por nosotros y eso tampoco fue justo. Pero ¿quién se queja por eso?, ¿quién dice que no es justo que Jesús haya llevado nuestro castigo? Es injusto, pero en vez de juzgar a Dios por eso, es mejor agradecerle y reconocer su gran misericordia. Al hombre y a la mujer, aunque se excusaron, Dios los encontró culpables, las excusas no sirven ante Dios. Veamos la sentencia que Dios les dio:

a. **La serpiente fue maldecida.** "Sobre tu pecho andarás y polvo comerás todos los días de tu vida" (Apocalipsis 12:9). Con esto se asume que la serpiente andaba y comía otra cosa antes de que se prestara para ser usada por Satanás.

b. **La mujer sufrirá dolor en sus embarazos y al dar a luz, además fue sometida al su marido.** Muchos comentan sobre este texto que la mujer, antes de la caída, no tenía dolor en sus preñeces, asumiendo o dando entender que Adán y Eva tuvieron hijos antes de esto, pero en realidad no es así. Más bien debemos entender que no era la intención de Dios que la mujer diera a luz sus hijos con dolor. Así como también aquello de someter su deseo a su marido y que él se enseñoree de ella. Estos son efectos de la caída. Nada de esto era la intención de Dios. Debo mencionar también que ahora en Cristo somos restaurados y el hombre y la mujer somos iguales delante de Él. Pero, Dios le dio a cada uno su rol.

c. La tierra fue maldecida por causa del hombre. Como mencioné anteriormente, Dios no maldijo al hombre, maldijo a la tierra en lugar del hombre. Ahora le producirá al hombre dolor, esfuerzo, sudor y trabajo cosechar de la tierra lo necesario para vivir. Gracias al Señor que en su misericordia no desató su ira contra el hombre, pues lo creó a su imagen y semejanza, pero un día lo hará. Por ahora nos da una segunda oportunidad, espera que nos acerquemos a Él en arrepentimiento y para que seamos restaurados.

d. El hombre recibe sentencia de muerte. El hombre fue creado para vivir, no para morir. Pero ahora, por su desobediencia, solo viviría por un espacio de tiempo determinado. Tendría que regresar al mismo lugar de donde fue tomado… pues "polvo eres y al polvo volverás", dijo Dios y así es hasta hoy. ¿Alguien lo puede impedir o negar?, por supuesto que no. Lo que Dios dice es y será, nos guste o no. Desde que nacemos traemos sentencia de muerte y nadie lo puede revertir, excepto Dios mismo.

e. Fueron expulsados del jardín y perdieron la comunión con Dios. Muchos hasta este día preguntan: "¿Y dónde está el jardín del Edén?". Ignoran completamente lo que el texto dice: "y lo sacó Jehová del huerto y echó, pues, fuera al hombre..." Así es, Dios los expulsó y no les permitió nunca más volver, incluso protegió el huerto y puso seguridad. Solo Adán y Eva estuvieron ahí y supieron dónde estaba. Ahora está oculto a nuestros ojos. Nadie puede volver al huerto, por ahora y solo hasta cuando Dios nos lleve a ese lugar a aquellos que queramos ir. La invitación está abierta, si quieres saber dónde está y cómo es el huerto, ten fe y paciencia, y Dios te lo mostrará.

f.   Dios hace una promesa de redención. De toda la tragedia anterior esto es lo único bueno. Dios en su misericordia promete redimirnos y restaurar nuestra comunión con él. Estas son buenas noticias. De hecho, es así como muchos teólogos identifican esta promesa hecha por Dios. Es conocida como el Protoevangelio, pero ¿qué significa eso?

El pecado es una ilusión que hemos concebido en nuestra mente porque Satanás ha cegado nuestro entendimiento, esa ilusión se desvanece tan pronto como lo cometemos.

La palabra protoevangelio está compuesta por dos palabras griegas, protos, que significa "primero" y evangelion, que significa "buena noticia" o "evangelio". Así el protoevangelio, en Génesis 3:15, es comúnmente referido como la primera mención de las buenas nuevas de salvación en la Biblia.

Entonces, justo cuando Dios está dando la sentencia para la serpiente, deja claro que Satanás no se saldrá con la suya. Dios promete redimir al ser humano. No nos dejará perdidos para siempre. En Génesis 3:15, leemos: "Y pondré enemistad entre ti y la mujer, y entre tu simiente y la simiente suya; ésta te herirá en la cabeza, y tú le herirás en el calcañar. En la frase "ésta te herirá en la cabeza", Dios se está refiriendo a que un descendiente de la mujer (Cristo) destruirá la cabeza de la serpiente (Satanás). Ese descendiente es Jesús el Hijo de Dios, quien nació de una mujer (Gálatas 4:4).

LA VERDAD SOBRE EL PECADO

Quiero compartir contigo estas siete verdades sobre el pecado, para que la próxima vez que seas tentado por Satanás pienses y lo consideres antes de actuar o tomes la decisión de hacer aquello que es prohibido. Estas son algunas de las verdades que necesitamos saber sobre el pecado y sus consecuencias:

1. El pecado nunca es lo que esperábamos

Lo primero que tenemos que saber sobre el pecado, es que nunca es lo que parece ser. El pecado es un engaño, una mentira disfrazada de verdad. Siempre hay algo detrás de ello (mayormente malo), esconde la mentira. *El pecado es una ilusión que hemos concebido en nuestra mente porque Satanás ha segado nuestro entendimiento, esa ilusión se desvanece tan*

[28]https://www.definiciones-ed.com/Definicion/de/protoevangelio. php©Definiciones-de.c

pronto como lo cometemos. Se ve bonito, parece ser agradable, pero en realidad nunca es así como parece, porque una vez cometido, y cuando volvemos a la realidad, nos damos cuenta de lo engañados que estábamos. Eso fue lo que Eva confesó cuando Dios le preguntó "¿Qué es lo que has hecho?" Ella reconoció que había sido engañada, dijo: "La serpiente me *engañó,* y comí". Todos en algún momento de nuestras vidas hemos experimentado la desilusión que nos ha dejado el pecado después de cometerlo. El joven que se entrega al placer, pronto se dará cuenta de que el placer no llena para siempre. El hombre que se entrega al vicio del alcohol pronto se da cuenta de que el alcohol no es tan divertido como parecía y no satisface, más bien esclaviza y roba la libertad de aquellos que caen en la trampa. El hombre o la mujer, que se ilusiona en una relación adúltera pronto descubrirá que fue un engaño y no valió la pena haber abandonado su hogar y sus hijos. El pecado siempre esclaviza a sus víctimas, los atrapa sin piedad. Satanás con sus mentiras ciega el entendimiento. De ahí en adelante todo se ve diferente. Una vez que Satanás ha debilitado tus defensas, en tu mente y tu corazón, el resto es más fácil. Lo que antes considerabas malo y dañino, ahora aparentemente ya no lo es. Tarde o temprano terminarás haciendo lo que has pensado hacer, aun cuando sea malo. Ese fue el proceso en la mente de Eva, vio que el árbol era bueno para comer, pero no solo eso, vio agradable, apetecible e inofensivo aquello que era aborrecible. Después solo llevó a cabo lo que ya había sucedido en su corazón, tomó y comió del fruto prohibido. Cuidado, el pecado aparenta ser lo que no es y nunca será lo que esperábamos que era, nunca.

2. El pecado siempre avergüenza

La vergüenza es un sentimiento de pérdida de dignidad causado por una falta cometida.

Adán y Eva, luego de que descubrieron su condición (que estaban desnudos), se escondieron porque sintieron vergüenza. El primer sentimiento o emoción automático e inevitable que produce el pecado en nosotros es vergüenza. Después de pecar sentimos vergüenza porque no fuimos creados para eso.

Adán y Eva sabían que habían desobedecido el mandamiento y se sintieron indignos. Nosotros también experimentamos el mismo sentimiento cuándo pecamos. No hay nadie que no sienta o sepa eso. Nunca he visto a una persona honesta que, después de haber cometido pecado, pueda decir con sinceridad: cuán feliz me siento por haber hecho lo malo o cuán feliz me siento de haber lastimado a mis seres queridos (esposos, padres e hijos). Mire la cara de alguien que después de ser apresado por la policía es puesto en una patrulla y tras las rejas. ¿Qué reflejan en su rostro, qué ve en su mirada? Tristeza, vergüenza. Esa persona, sin importar cuán valiente se creía, ahora va pensando dentro de sí "¿Qué fue lo que hice? ¿Cómo pude hacer esto?". No los ve felices, ni sonrientes, solo los cínicos se ríen. Pero alguien normal siente vergüenza y tristeza. El esposo después de cometer adulterio sentirá el vacío y la culpa que produce el pecado y sentirá vergüenza aun cuando nadie más lo sepa, ni le hayan contado a su esposa. La joven que se entrega por primera vez, y comete fornicación, sabrá que ha perdido algo que jamás recuperará (la virginidad) y sentirá vergüenza después. No podrá levantar la frente en alto cuando vaya al altar. Una persona que toma lo que no es suyo sentirá vergüenza, aun cuando no haya sido descubierto, y no podrá hablar de honestidad. Así sucede en cada acto de pecado, cualquiera que transgrede el mandamiento siente vergüenza. Es lamentable que hay personas tan habituadas al pecado que ya no sienten culpa, remordimiento, ni vergüenza; han adormecido su conciencia. Han caído tan bajo que Satanás ha cauterizado su conciencia y actúan como animales que no tienen sentimientos. Proverbios 13:18 dice: "Pobreza y vergüenza tendrá el que menosprecia el consejo; más el que guarda la corrección recibirá honra".

3. La felicidad y bienestar que el pecado ofrece es temporal y falso

Todo el placer o bienestar que supuestamente el pecado ofrece se esfuma tan pronto como llega. Esa fue la experiencia del primer hombre sobre la tierra y sigue siendo la misma hasta el día de hoy. Recordemos siempre esto y no lo olvidemos: el pecado no vale la pena. ¿Cambiaremos el placer permanente y duradero que ofrece Dios, por lo temporal y momentáneo que ofrece Satanás? Es probable que algunos responderán que sí lo harán, pero en realidad no están siendo conscientes de lo que están diciendo. No están viendo el cuadro completo. Aun cuando muchos digan que están dispuestos a pagar el precio y cambiar lo duradero por lo temporal. El día que les toque pagar el alto precio de sus malas decisiones llorarán y se lamentarán, aunque no lo crean ahora, pero sucederá así.

Te lo digo por experiencia, estoy viendo esto suceder en la vida de familiares y amigos que, por haber escogido el placer momentáneo en el pasado, ahora están pagando el alto precio de sus malas decisiones y, créeme, no es nada agradable ver el dolor y el sufrimiento que están experimentando, tanto ellos como sus familias. No hay felicidad en el pecado, solo dolor, sufrimiento y tristeza. No caigas en la trampa del pecado, evítalo. No creas la mentira de que todo será felicidad y que todo estará bien, porque la ilusión muy pronto terminará y entonces el dolor será para siempre. Simplemente no vale la pena cambiar la felicidad duradera por la pasajera, no lo vale la pena. Solo la santidad es y produce verdadera felicidad en el corazón del hombre.

4.   Destruye todas nuestras relaciones

La primera relación que destruye el pecado es nuestra relación con Dios, quien nos ama; y la segunda, es la relación con las personas más cercanas a nosotros (padres, hermanos, esposos, hijos y amigos). El hombre o la mujer que escoge el camino del pecado tarde o temprano terminará solo, aislado. ¿Acaso no es eso lo que vemos a diario en las calles, personas sin hogar, que vagan solitarias? Personas que terminan en las cárceles, aisladas de la sociedad y del contacto de quienes los aman. Con esto no estoy juzgando a todos a los que están en esta condición, sino más bien los pongo como ejemplo. Aprendamos y escuchemos el buen consejo. Es una realidad, nadie puede negarlo, porque es algo que está sucediendo ante nuestros propios ojos. No vale la pena todo el dolor, el sufrimiento y la destrucción que provocará un solo acto de desobediencia por el resto de nuestras vidas. No es esto verdad. ¿Por qué no te detienes por un momento a analizar y a meditar? El pecado destruye todas nuestras relaciones porque es un acto nacido de nuestro egoísmo. Es ponernos nosotros en primer lugar. Así es, cuando pecamos estamos buscando nuestra felicidad a costa del sufrimiento de los demás. Buscamos ser felices a nuestra manera sin importar el dolor o el sufrimiento que podamos causar a los demás.

5. *Nos separa de la presencia de Dios*

La más fatal y trágica de las consecuencias que el pecado causa en nuestras vidas es que nos separa de Dios. Nos aleja de la relación más importante en nuestras vidas, de la cual depende nuestra existencia. Somos expulsados de la santidad, de la presencia de Dios, porque Él no puede tolerar el pecado. De lo contrario moriríamos inmediatamente. Está escrito, todo el que se acerca a Él debe purificarse y limpiarse, para que no muera en su presencia. Dios es santo. Esta verdad es declarada a través de toda la Biblia. No tolera el pecado delante de sus ojos. Por lo tanto, si hemos de acercarnos a Él y ser llamados sus hijos, exige que seamos santos como Él es santo (Levítico 11:45, 20:7; 1 Pedro 1:16).

Proverbios 3:32 dice:

Porque Jehová abomina al perverso;
Mas su comunión íntima es con los justos.

Dios nos creó para que viviéramos en comunión con él y en su presencia, pero el pecado produce un cisma entre Dios y nosotros.

6. Dios no nos creó para eso

El hombre no fue creado para pecar y hacer maldad, sino todo lo contrario, fuimos creados para hacer el bien (Efesios 2:10), ya vimos eso anteriormente. Cuando pecamos no cumplimos con el propósito de Dios para nuestras vidas, por eso no nos sentimos satisfechos. Entre más pequemos, más insatisfacción tendremos. Entre más nos alejemos del plan y del propósito de Dios más tristes y solos nos sentiremos, aun cuando nos encontremos rodeados de gente, de fama o de cualquier otra cosa. Todo lo contrario sucede cuando decidimos y escogemos hacer el bien. Hasta ahora, no he conocido a una sola persona que diga: "Me siento mal por haber hecho el bien". Porque fuimos creados por Dios para hacer el bien y cuando lo hacemos automáticamente nos sentimos bien. Es inevitable. Así como cuando hacemos mal, es inevitable sentirnos mal. Cumplamos pues nuestro diseño, hagamos el bien; y como dicen por ahí: "sin mirar a quien".

7. El pecado pone una carga pesada sobre nuestros hombros

Todos sabemos por experiencia que la carga que el pecado pone sobre nuestros hombros pesa, cansa y agobia el alma. Todos, sin excepción, hemos experimentado esto de nuestros pecados. Muchos no se dan cuenta y no saben que la causa de sus problemas de tristeza, ansiedad, estrés, depresión, insomnio y otros desordenes emocionales similares a estos, es precisamente la carga del pecado. No precisamente un pecado que ellos cometieron contra alguien, a veces es pecado o maldad que otros cometieron en contra de ellos. Por ejemplo, el abandono de un esposo, calumnias, el desprecio de los padres, etc. Este tipo de pecados cometidos contra nosotros, si no los perdonamos, producirán enojo, odio, rencor, amargura, etc., y nos dañará, porque ahora nosotros hemos pecado al no perdonar al ofensor. Hay muchas personas que sufren de estos síntomas y dicen: "No sé por qué me siento así". Van y buscan soluciones con los médicos y psicólogos, pero ellos no les pueden ayudar, porque no tienen nada, aparentemente. No tienen ninguna enfermedad, no han pasado por una tragedia ni nada por el estilo que pudiera estar provocando dicha situación. Incluso en su desesperación recurren a los analgésicos y opioides, y terminan agravando el problema, se vuelven codependientes. Reconozco que no todos los que padecen depresión o síntomas emocionales, como los mencionados anteriormente, están relacionados al pecado, pero muchos sí lo están. Por eso, es necesario pedir perdón cuando pecamos y perdonar cuando pecan contra nosotros; de lo contrario, el pecado nos aflige y pone una carga pesada sobre nosotros. Jesús lo sabe muy bien. Recuerde: Jesús es Dios y Dios lo sabe todo. Él sabe la causa y la fuente de nuestros dolores y enfermedades, así como de nuestras emociones y sentimientos. En Mateo 11:28-30, Jesús dijo:

²⁸ Venid a mí todos los que estáis trabajados y cargados, y yo os haré descansar.

²⁹ Llevad mi yugo sobre vosotros, y aprended de mí, que soy manso y humilde de corazón; y hallaréis descanso para vuestras almas;

³⁰ porque mi yugo es fácil, y ligera mi carga.

¡Qué precisa y que preciosa invitación!, ¿no lo cree? Pero, ¿de qué trabajos y de qué cargas cree usted que Jesús está hablando aquí? Bueno, en el contexto encontramos la respuesta. Jesús les habló anteriormente de la necesidad de creer en Él como el Mesías y la necesidad del arrepentimiento. Luego hace esta gran invitación, porque sabe cuánta necesidad tenemos de descanso en nuestras almas. ¿Acaso lo negaremos? ¿No nos hemos cansado aún? ¿Por qué no soltar la carga ahora mismo y aceptar la invitación tan generosa que Jesús nos está haciendo a todos? Si deseas descansar y darle a Dios tus cargas, repite la siguiente oración de arrepentimiento ahí donde estés:

Dios, te doy gracias en este día por haber hablado a mi corazón y por haber abierto mis oídos y ojos espirituales. Tu Palabra es la verdad, reconozco mi maldad y mi pecado. Confieso que he pecado contra ti, me arrepiento y te pido perdón. Acepto tu invitación, estoy cansado de vivir así y quiero descansar en ti. Quiero tu promesa y acepto el intercambio, lleva tú mi carga y estoy dispuesto a llevar la tuya, que es mucho más ligera que la mía. Ahora te doy gracias por haberme escuchado y salvado.

Porque todo esto te lo pido en el nombre de tu amado Hijo, Jesucristo, quien pagó el precio de mi salvación. Amén.

David, aunque fue reconocido como un hombre conforme al corazón de Dios, era humano y también pecó y esto fue lo que él experimentó. Salmo 32:1-5, dice:

¹Bienaventurado aquel cuya transgresión ha sido perdonada, y cubierto su pecado.
² Bienaventurado el hombre a quien Jehová no culpa de iniquidad,
Y en cuyo espíritu no hay engaño.
³ Mientras callé, se envejecieron mis huesos
En mi gemir todo el día.
⁴ Porque de día y de noche se agravó sobre mí tu mano;
Se volvió mi verdor en sequedades de verano.
⁵ Mi pecado te declaré, y no encubrí mi iniquidad.
Dije: Confesaré mis transgresiones a Jehová;
Y tú perdonaste la maldad de mi pecado.

Por favor, preste atención a esto, porque es importante en el proceso de sanidad y restauración. David reconoció que se sentía oprimido, había un gemido dentro de él todo el día. Día y noche, su sufrimiento era constante y no se iba, no lo dejaba en paz. Incluso declara que esta situación lo estaba consumiendo por dentro. Esta situación continuó así, hasta que David descubrió la causa de su problema. Dijo "mientras callé", pero ¿qué fue lo que David calló? Y, ¿qué fue lo que no había dicho? David descubrió que la causa de su problema era la falta de confesión de su pecado. Había cometido pecado contra Dios y, por supuesto, contra su prójimo. ¿Qué hizo David para resolver su problema? En el versículo cinco nos da la respuesta, dijo: "mi pecado te declararé y confesaré mis transgresiones a Jehová". Así es, eso es. La falta de confesar nuestro pecado es la causa de muchos de nuestras aflicciones y dolores. De esa manera pudo escribir en los versículos uno y dos: "Bienaventurado aquel cuya transgresión ha sido perdonada y cubierto su pecado. Bienaventurado el hombre a quien Jehová no culpa de iniquidad". La palabra bienaventurado significa "feliz, dichoso, bendecido". Así es como David se sentía ahora después de haber confesado que había pecado. ¿Quieres tú también sentir la dicha y la felicidad que viene después de confesar tu pecado? ¿Quieres recibir y experimentar el perdón y la paz de Dios ahora mismo? Entonces haz lo mismo que hizo David: confiesa tu pecado, arrepiéntete delante de Dios. Si aún no has hecho la oración de arrepentimiento que está arriba, hazla ahora. Si la haces de todo corazón y en fe, Dios perdonará todos tus pecados y serás salvo ahora mismo. Créelo y recibe la paz de Dios.

Esto es lo que la Biblia registra del cómo, cuándo, dónde y por qué el hombre perdió la comunión con Dios; fue cuando el hombre pecó y desobedeció a Dios que cayó y las consecuencias que trajo para él y el resto de la humanidad no se hicieron esperar fueron devastadoras y hasta el día de hoy siguen siendo. Pero al igual que en el Edén, Dios sale en busca de nosotros (con amor y compasión) y nos pregunta "¿Dónde estás tú?". Él espera una respuesta. ¿Qué responderemos? ¿Culparemos a alguien más?, ¿nos excusaremos delante de Dios?, ¿o aceptaremos nuestra culpa y responsabilidad? Si es así, entonces arrepintámonos y pidamos perdón, confesemos nuestra maldad y pecado. Recuerda: Dios nos ama y desea que volvamos a la comunión con él. El camino del arrepentimiento nos llevará de regreso a la casa del Padre. Estoy seguro de que muchos hoy han tomado esa decisión y los felicito. Bienvenidos a la familia de Dios. Recuerde: la mejor opción siempre será la obediencia a Dios y vivir en santidad delante de Él, para poder disfrutar de la comunión con Él. De lo contrario, las consecuencias trágicas y devastadoras que producirá el pecado en nosotros serán las mismas de la historia del Edén.

Capítulo 5

CÓMO REGRESAR A LA PRESENCIA DE DIOS
¿Cuál es el camino para volver a la comunión con Dios?

Hasta aquí hemos tratado y discutido los temas de la existencia de Dios, de cómo se reveló ante nosotros, y cómo y cuándo fue que nos alejamos de la presencia de Dios. Ya vimos el problema, ahora hablemos de la solución, de cómo podemos regresar al camino correcto de la comunión con Dios. Si reconocemos que fue una decisión y un acto de voluntad apartarnos de Dios, de igual manera es una decisión y un acto de voluntad la que nos acercará de nuevo a Él. Adán y Eva tomaron la decisión equivocada al no creer la Palabra de Dios y esto los separó. Ahora, cada uno de nosotros debe tomar la decisión correcta de creer la Palabra de Dios, ese es el camino para regresar a la presencia y a la comunión con Dios. Si creer la mentira de Satanás nos apartó de Dios, ahora será creer la verdad de Dios lo que nos acercará a Él. Debemos regresar por el mismo camino que nos apartamos, eso es el arrepentimiento. Arrepentimiento significa cambiar de dirección, dar una vuelta en "U" para volver a la posición y lugar de donde nos alejamos.

Si la desobediencia nos apartó de Dios, la obediencia nos regresará a él. Solo hay dos caminos en la vida: uno es el camino de la fe y el segundo es el camino de la incredulidad. El camino de la fe siempre nos conduce a Dios (hacia arriba), el camino de la incredulidad siempre nos aleja de Dios (hacia abajo). ¿Cuál camino tomarás tú? Eso te corresponde decidir.

Antes de continuar es necesario aclarar un punto importante sobre lo dicho. Mencioné que es una decisión y un acto de la voluntad humana regresar a Dios, y eso es verdad, nadie nos puede o debe obligar a creer o no creer. Pero, aunque queramos regresar a Dios y tengamos la voluntad de hacerlo, en la condición que estamos ahora no podemos. Hay algo que nos estorba, tenemos una dificultad y un problema serio. Ese problema es el pecado. Así es, nuestro grave problema es el pecado y después de haber escogido el mal ahora no podemos acercarnos a Dios, estamos muertos en delitos y pecados (Efesios 2:1, 5; Colosenses 2:13). El pecado nos estorba y nos impide tener comunión con nuestro creador. La santidad de Dios no tolera nuestro pecado, ni nuestro pecado soporta, ni por un instante, la santidad de Dios. Si nos acercamos en la condición en la que nos encontramos (en pecado) moriremos instantáneamente en su presencia.

Como todo esto es cierto, entonces, ¿cuál es la solución y qué podemos hacer para volver a la comunión con Dios? Contestaré esta pregunta a través de darle seguimiento a uno de los temas centrales de la Biblia: el tema del Mesías. Lo primero será comprender la importancia de la promesa del Mesías. En segundo lugar: la primera venida del Mesías, el cumplimiento de esa promesa. En tercer lugar: La muerte del Mesías. Como puedes ver, en todo esto nada tiene que hacer el hombre, todo lo anterior es obra única de Dios. Él es el único que podía redimir a la humanidad caída. Después consideraremos nuestra parte, lo que nos corresponde a nosotros hacer para volver a la comunión con Dios, eso es: reconocer nuestra condición caída y aceptar por la fe la obra redentora del Mesías. Antes de empezar, creo necesario definir en palabras simples lo que significa el Evangelio.

¿Qué es el Evangelio? El término literalmente significa "Buenas Noticias". Pero, ¿cuáles son esas buenas noticias? Es el anuncio que Dios hace a todos los hombres de que él ha pagado el precio por nuestra salvación y ahora nos podemos acercar a él, libre y gratuitamente por medio del sacrificio hecho por Cristo Jesús en la cruz del Calvario. El precio era muy alto, pero ya fue pagado (Jesús lo pagó), ahora el único requisito es creer en la obra redentora de Cristo para ser salvo, al aceptarlo nuestra comunión con Dios es restaurada y recibimos los beneficios completos (Lucas 2:10).

LA PROMESA DEL MESÍAS

Y pondré enemistad entre tú y la mujer, y entre tu simiente y la simiente suya;

ésta te herirá en la cabeza, y tú le herirás en el calcañar.

(Génesis 3:15)

… para esto apareció el Hijo de Dios, para deshacer las obras del diablo.

(1 Juan 3:8b)

La palabra Mesías es una transliteración de la palabra hebrea Māsíah que significa "ungido" y se traduce al griego como Christós. El término "ungido" posee varios significados en el Antiguo Testamento. Todos tienen que ver con la acción de instalar a una persona en un cargo, de modo que se la considera acreditada por Jehová, el Dios de Israel.

En otras palabras, el "Mesías", "Ungido" o "Cristo" es el elegido de Dios para desempeñar una función específica, ya sea un sacerdote, un profeta o un rey. Por ejemplo, Aarón, el hermano de Moisés, fue ungido o elegido por Dios como el primer Sumo Sacerdote; o David, que fue ungido como rey sobre Israel. En la sección anterior vimos que, desde el momento en el que Dios dictaminó la sentencia sobre la serpiente (Satanás), también declara y promete que un descendiente de la mujer vendría para destruir por completo la obra de Satanás y del pecado para siempre (1 Juan 3:8b). Este descendiente de la mujer sería el escogido de Dios para redimir a la humanidad caída. Por supuesto, esa mujer no era Eva, ni el descendiente fue Caín. Aunque Dios no dio detalles específicos de cuándo y cómo esta promesa se cumpliría. Sin embargo, conforme la historia bíblica se fue desarrollando, Dios fue revelando de manera más clara cómo llevaría a cabo su plan. Por ejemplo, en Génesis 12:1-3, Dios escogió a un hombre llamado Abraham y le prometió que, a través de él y su descendencia, bendeciría a todas las familias de la tierra. ¿Cómo sería eso? Tampoco dio detalles específicos de cómo sucedería, pero lo prometió. Ahora había escogido y apartado a una familia que serviría como canal para bendecir y redimir a la humanidad. Así, la promesa del Mesías fue ocupando un lugar central y de suma importancia en la profecía antiguo-testamentaria. De esa manera, no solo Israel, sino el mundo entero, tendría la esperanza de saber que un día Dios enviaría al Salvador del mundo. En esa revelación progresiva, poco a

[29]Diccionario Bíblico Ilustrado Holman, B&H Publishing Group, Nashville, Tennessee, 2008. p 1071.

poco fue manifestando con cada acto posterior, de manera más clara y precisa, su voluntad y plan de redención. A continuación, te presento una lista breve de pasajes bíblicos donde Dios revela detalles más concretos que servirían de señal para identificar al Mesías prometido cuando este viniera. En esta lista breve citaré primero la promesa en el Antiguo Testamento y posteriormente su cumplimiento en el Nuevo Testamento:

1. *Sería simiente de la mujer* (Génesis 3:15–Gálatas 4:4; Hebreos 2:14)

2. *Sería descendiente de Abraham* (Génesis 17:7-8, 26:3-4– Mateo 1:1; Gálatas 3:16)

3. *Sería de la tribu de Judá* (Génesis 49:8-10–Mateo 1:2, 2:6)

4. *Nacería en Belén de Judá* (Miqueas 5:2–Mateo 2:1, 5-6)

5. *Nacería de una virgen* (Isaías 7:13-14–Mateo 1:18-23; Lucas 1:26-35)

6. *Sería rechazado por sus hermanos* (Salmo 69:8–Juan 1:12, 7:3-5; Marcos 3:21)

7. *Entraría a Jerusalén montado en un pollino* (Zacarías 9:9–Mateo 21:1-5)

8. *Abrirá los ojos de los ciegos y los oídos de los sordos* (Isaías 35:4-6–Lucas 7:18-23)

9. Establecería el Nuevo Pacto (Jeremías 31:31-34–Lucas 22:20)

10. *Sería sacrificado en la Pascua y no se quebraría hueso suyo* (Éxodo 12:1-51; Números 9:12–Juan 19:31-36)

11. *Sufriría por nuestros pecados y llevaría nuestras enfermedades* (Isaías 53:1-12– Mateo 8:14-17)

12. *Resucitaría de la muerte* (Salmo 16:8-11–Lucas 24:6-8; Juan 20)

Estas y muchas otras profecías hablan o hacen referencia directa al Mesías, pero hay una que describe vívidamente los sufrimientos y, sobre todo, la razón del porqué el Mesías iba a sufrir. Ese pasaje es Isaías 53:1-12 (NTV):

> [1] *¿Quién ha creído nuestro mensaje? ¿A quién ha revelado el Señor su brazo poderoso?*
> [2] *Mi siervo creció en la presencia del Señor como un tierno brote verde; como raíz en tierra seca.*
> *No había nada hermoso ni majestuoso en su aspecto, nada que nos atrajera hacia él.* [3] *Fue despreciado y rechazado: hombre de dolores, conocedor del dolor más profundo. Nosotros le dimos la espalda y desviamos la mirada; fue despreciado, y no nos importó.* [4] *Sin embargo, fueron nuestras debilidades las que él cargó; fueron nuestros dolores los que lo agobiaron. Y pensamos que sus dificultades eran un castigo de Dios; ¡un castigo por sus propios pecados!* [5] *Pero él fue traspasado por nuestras rebeliones y aplastado por nuestros pecados. Fue golpeado para que nosotros estuviéramos en paz; fue azotado para que pudiéramos ser sanados.* [6] *Todos nosotros nos hemos extraviado como ovejas; hemos dejado los caminos de Dios para seguir los nuestros. Sin embargo, el SEÑOR puso sobre él los pecados de todos nosotros.* [7] *Fue oprimido y tratado*

con crueldad, sin embargo, no dijo ni una sola palabra. Como cordero fue llevado al matadero. Y como oveja en silencio ante sus trasquiladores, no abrió su boca. ⁸ Al ser condenado injustamente, se lo llevaron. A nadie le importó que muriera sin descendientes; ni que le quitaran la vida a mitad de camino. Pero lo hirieron de muerte por la rebelión de mi pueblo. ⁹ Él no había hecho nada malo, y jamás había engañado a nadie. Pero fue enterrado como un criminal; fue puesto en la tumba de un hombre rico. ¹⁰ Formaba parte del buen plan del SEÑOR aplastarlo y causarle dolor. Sin embargo, cuando su vida sea entregada en ofrenda por el pecado, tendrá muchos descendientes. Disfrutará de una larga vida, y en sus manos el buen plan del SEÑOR prosperará. ¹¹ Cuando vea todo lo que se logró mediante su angustia, quedará satisfecho.

Y a causa de lo que sufrió, mi siervo justo hará posible que muchos sean contados entre los justos, porque él cargará con todos los pecados de ellos. ¹² Yo le rendiré los honores de un soldado victorioso, porque se expuso a la muerte. Fue contado entre los rebeldes. Cargó con los pecados de muchos e intercedió por los transgresores.

Estas y muchas otras palabras fueron predichas por Dios a través de sus profetas, muchas de ellas con más de 500 años de anticipación. Estas predicciones servirían para poder identificar al Mesías cuando viniera. Cada una de estas profecías encaja y se cumplen perfectamente en la persona y el ministerio de Jesús, que no deja lugar para las dudas. Cualquier profecía halla su cumplimiento en Jesús, desde su nacimiento virginal, su muerte expiatoria en la cruz, hasta su gloriosa resurrección. Pero, ¿cómo alguien pudo hacer predicciones tan exactas como estas? Simple, fue Dios quien habló a través de sus profetas y quien conoce perfectamente el futuro, quien además puede hacer cualquier cosa, porque no hay nada imposible para Dios.

Ahora, ¿cuál es la importancia de dicha profecía y promesa? Su importancia radica en que, desde el primer pecado, Dios sabía que el hombre no podría redimirse a sí mismo. Era necesaria la intervención Divina y Dios estuvo dispuesto a hacer lo que solo Él podía hacer. Así es, solo Dios quien podía pagar el alto precio que costaba redimir a la humanidad. A través de esa promesa, los hombres tenían la esperanza de que un día podrían estar y tener paz con Dios. Gloria a él por su infinita misericordia.

LA PRIMERA VENIDA DEL MESÍAS

Pero el ángel les dijo: No temáis; porque he aquí os doy nuevas de gran gozo, que será para todo el pueblo: que os ha nacido hoy, en la ciudad de David, un Salvador, que es CRISTO el Señor.
(Lucas 2:10-11)

Pero cuando vino el cumplimiento del tiempo, Dios envió a su Hijo, nacido de mujer y nacido bajo la ley, para que redimiese a los que estaban bajo la ley, a fin de que recibiésemos la adopción de hijos.
(Gálatas 4:4-5)

Ahora veamos con más detalles algunas de las profecías cumplidas en Cristo Jesús en su primera venida. No las mencionaré todas por cuestión de tiempo y espacio, solo algunas en las diferentes etapas de la vida, muerte y resurrección de Cristo Jesús. Para empezar, debo decir que Jesús vivió una vida tan normal como cualquier otro ser humano, que no era fácil notar la diferencia entre él y sus hermanos, a excepción de su concepción y nacimiento virginal, lo cual explicaré en breve. Jesús se crio como un niño normal, incluso Lucas 2:51 indica que Jesús estuvo sujeto a María y a José. Pero, cuando cumplió los 30 años de edad, empezó su ministerio público y se dio a conocer quién era y a qué había venido. Acompáñeme a descubrir más detalles sobre la vida de Jesús el Mesías, el Carpintero de Nazaret.

El Mesías nacería de una virgen, Jesús nació de una virgen (Isaías 7:14; Mateo 1:18-23; Lucas 1:26-35)

Finalmente, no había que esperar más, el Mesías había llegado, estaba aquí. Como lo declara Gálatas 4:4-5: "Pero cuando vino el cumplimiento del tiempo, Dios envió a Su Hijo, nacido de mujer y nacido bajo la ley para que redimiese a los que estaban bajo la ley..."

La profecía declaraba que el Mesías nacería de una mujer virgen. En Isaías 7:14 leemos: "Por tanto, el Señor mismo os dará señal: *He aquí que la virgen concebirá, y dará a luz un hijo, y llamará su nombre Emanuel*".

Que naciera de una mujer no tenía nada de sorprendente, todos nacimos de una mujer, pero que naciera de una virgen, es decir, de una mujer sin haber tenido relaciones sexuales con un hombre, eso es poderoso. Que una virgen concibiera y diera a luz eso era imposible para los hombres, pero era una señal, dada por Dios, porque para Él no hay nada imposible (Lucas 1:37). Dios es quien lo haría y lo hizo a través de la Virgen María. Quedó embarazada sin haber tenido relaciones sexuales. ¿Cómo fue eso posible? El Espíritu Santo depositó en su vientre el Santo ser que nacería, el cual sería llamado Hijo de Dios como le dijo el Ángel a María cuando le dio la noticia (Lucas 1:30-35). El nombre de ese niño, que nacería de manera milagrosa, era *Emanuel* que significa *Dios con nosotros*. Dios mismo vendría a habitar con nosotros, dejaría su trono de gloria y se mudaría a la tierra, como lo describe Juan 1:14: "Y aquel Verbo fue hecho carne, y habitó entre nosotros (y vimos su gloria, gloria como del unigénito del Padre), lleno de gracia y de verdad". Esto solo pudo ser obra portentosa de Dios.

Podemos estar seguros, cada una de las promesas de Dios se cumplen, Él es confiable. Aunque parezcan irracionales e imposibles en nuestra mente, pero recuerde que quien está haciendo la promesa no es un hombre, sino el Único Dios Soberano y Todopoderoso. Esto lo sabía muy bien Josué, el sucesor de Moisés, quien antes de morir exhortó al pueblo de Israel con estas palabras. En Josué 23:14 (NVI), dice: "Por mi parte, yo estoy a punto de ir por el camino que todo mortal transita. *Ustedes bien saben que ninguna de las buenas promesas del SEÑOR su Dios ha dejado de cumplirse al pie de la letra. Todas se han hecho realidad, pues él no ha faltado a ninguna de ellas*".

Y, efectivamente, el tiempo había llegado. En una noche estrellada, bajo el cielo de Belén, en la tierra de Judá, mientras los pastores velaban las vigilias de la noche, sobre sus rebaños una luz resplandeció. Era un ángel, quien les daba un importante anuncio, en Lucas 2:10-11, leemos:

> [10] *Pero el ángel les dijo: No temáis; porque he aquí os doy nuevas de gran gozo, que será para todo el pueblo:*
> [11] *que os ha nacido hoy, en la ciudad de David, un Salvador, que es CRISTO el Señor.*

Bendita aquella noche, que será recordada por toda la eternidad. Es la noche en que el Dios, creador del cielo y de la tierra, cumplía su más grande promesa, la de enviarnos al Salvador para redimirnos. A Él sea la gloria y el poder, amén. Una vez tras otra, está comprobado. Todas las promesas de Dios se han cumplido y se cumplirán al pie de la letra, se hará realidad cada una de ellas. Si Dios lo dijo, así será, puedes contar con ello; aunque sus promesas tarden un poco (porque recuerda, Dios no siempre dice cuándo, simplemente lo promete, pero en el tiempo de él, lo cumple). Esto es maravilloso y trae descanso a mi alma. Yo no estoy preocupado por si Dios cumplirá su promesa de volver hoy, mañana, de aquí a un año, diez o mil años más. Eso no es importante para mí ahora, (si lo fuera, Dios nos lo habría dicho), lo importante es tener la seguridad de que Él vendrá. Así que puedo morir hoy y estoy seguro y confiado que Jesús regresará como lo prometió y, cuando ese día llegue, me resucitará y me levantará, para llevarme a vivir con Él por toda la eternidad, como me lo prometió. Pero no solo a mí, sino también a todos aquellos que quieran creer en Él y en sus promesas.

El Mesías sería descendiente de Abraham y de David, Jesús fue descendiente de Abraham y de David (Génesis 26:3-4–Mateo 1:1-6)

Esta es la línea sanguínea de la cual nacería el Mesías. Sería descendiente de Abraham y David. El Evangelio de Mateo comienza con una lista de genealogía que conecta directamente a Jesús con la línea sanguínea del Mesías, conforme estaba escrito. Con esto, Mateo prueba a los judíos (a quienes escribió su Evangelio) que Jesús es el heredero legítimo al trono de David. Tal y como fue prometido por Dios, que uno de sus descendientes se sentaría en el trono para siempre (2 Samuel 7:12-16).

En otra profecía declaraba que el niño que nacería iba a gobernar a su pueblo. En Isaías 9:6, dice: "Porque un niño nos es nacido, hijo nos es dado, y el principado sobre su hombro; y se llamará su nombre Admirable, Consejero, Dios Fuerte, Padre Eterno, Príncipe de Paz".

Este niño que nacería no sería como cualquier otro hombre mortal. Este era *Emanuel, Dios con nosotros.* Cada uno de estos nombres encajan perfectamente en la persona de Jesús, solo él es Admirable, Consejero, Dios Fuerte, Padre Eterno, Príncipe de Paz. Estos nombres son atributos exclusivos del Dios vivo, del Dios de Israel.

El Mesías nacería en Belén de Judá, Jesús nació en Belén de Judá (Miqueas 5:2– Lucas 2:4-7; Mateo 2:4-6)

Pero tú, Belén Efrata, pequeña para estar entre las familias de Judá,
    de ti me saldrá el que será Señor en Israel; y sus salidas son
    desde el principio, desde los días de la eternidad.
(Miqueas 5:2)

Nuevamente, el Señor Dios todopoderoso habla por medio de su profeta y revela dónde nacería su Mesías, el que redimiría a Israel y al mundo entero. La profecía es clara, específica y puntual. No faltó ni un detalle, todo se cumplió al pie de la letra como estaba escrito. Ahora prestemos atención a los detalles que Dios había dado por medio de sus profetas y ninguno de los rabinos, escribas, intérpretes y doctores de la ley habían querido considerar. Todos los judíos, en el tiempo en que nació Jesús, esperaban ansiosamente la llegada del Mesías. La mayoría de ellos esperaban algo diferente, algo poderoso, no débil. Esperaban que naciera en un palacio, como todo un rey, no en un pesebre olvidado por todos. Esperaban a alguien que los liberaría del poder opresor de los romanos. Esto es muy, muy interesante, el hombre siempre pone en primer lugar lo físico, lo que se puede ver; para Dios es más importante lo espiritual, lo que no se puede ver. Ellos querían ser liberados del imperio romano, Dios los quería liberar del imperio del diablo. Así que Dios, como siempre, los sorprendió. Prestemos atención al relato que Mateo 2:1-12 hace sobre el nacimiento de Jesús.

Mateo dice que cuando los magos que vinieron de oriente llegaron a Jerusalén preguntando "¿Dónde está el rey de los judíos que ha nacido?, porque su estrella hemos visto en el oriente y venimos a adorarle". Estos hombres habían visto una señal especial en el cielo, sabían que alguien importante había descendido, habían venido desde lejos para presenciar un evento trascendental. Pero los judíos, a quienes se les había confiado las Escrituras, y a quienes se les habían hecho estas promesas, ni por enterados, ignoraron completamente esta señal. Es más, Mateo dice que cuando Herodes oyó la pregunta de los magos se turbó y toda Jerusalén con él. Que Herodes se turbara no es de sorprender, pues era un romano gentil que no sabía ni creía en las Escrituras, pero que Jerusalén se turbara eso sí era serio. Indicaba que a los rabinos judíos, estudiosos de la ley, les tomó por sorpresa también, los que se suponía debían estar esperando este acontecimiento con expectativa. Pero no estaban preparados para recibirle. Además, ni siquiera le dieron importancia, pues, cuando le dieron la respuesta a Herodes y a los magos, según estaba escrito en la profecía, ninguno de ellos se interesó por el asunto. Ignoraron completamente la visita, no solo de los magos de oriente, sino la llegada del Mesías y Rey de Israel. No le dieron importancia y, por su descuido, perdieron la gran oportunidad y el privilegio que pocos tuvieron aquel día de ver al Mesías que había nacido. El privilegio fue para unos humildes pastores que velaban sobre sus ovejas aquella noche en las cercanías de Belén (Lucas 2:8-20). El privilegio puede también ser tuyo ahora, si aún no lo has visto y estoy seguro de que, una vez que lo veas, quedarás maravillado al igual que todos nosotros.

El Espíritu del Señor reposaría sobre el Mesías, el Espíritu del Señor reposó sobre Jesús (Isaías 42:1; 61:1-2 – Lucas 4:18-21)

Hay pocos datos de la infancia de Jesús. Después del corto relato de su nacimiento sobrenatural, quedó en el anonimato por un tiempo de doce años. Lucas registra un incidente de cuando Jesús tenía doce años de edad. Junto a sus padres subió, como de costumbre, a Jerusalén para celebrar la Pascua. Pero Jesús no regresó con ellos a Nazaret, se quedó deliberadamente en el templo, hablando con los doctores de la ley (Lucas 2:41-52). De ahí pasaron otros dieciocho años hasta que nuevamente Jesús aparece en escena, esta vez para iniciar su ministerio público y así cumplir con el propósito por el cual había venido a este mundo.

Después de ser bautizado por Juan el Bautista en el río Jordán, como a los treinta años de edad (Lucas 3:21-23), Jesús fue llevado por el Espíritu al desierto, para ser tentado por el diablo por cuarenta días y cuarenta noches. Este es un dato muy importante en la vida y el ministerio de Jesús, el Hijo de Dios. Él tenía que ser probado antes de iniciar su ministerio, para ver si en verdad podía cumplir con la voluntad de Dios o no. ¿Se mantendría fiel a Dios o escogería ceder ante las ofertas de Satanás como lo hizo Adán y Eva? Si fallaba en el momento decisivo de la prueba entonces no podría servir a los propósitos de Dios de redimir a la humanidad. Pero gracias a Dios, en Hebreos 4:15, dice: "Porque no tenemos un sumo sacerdote que no pueda compadecerse de nuestras debilidades, *sino uno que fue tentado en todo según nuestra semejanza, pero sin pecado*".

Jesús fue tentado de la misma manera en que usted y yo lo somos, pero no pecó. Esto demuestra y comprueba que es posible ser tentado y no pecar. Así es, Jesús demuestra que la historia del jardín del Edén, donde Adán y Eva fueron tentados y pecaron, fue un acto deliberado y voluntario. Pecaron porque quisieron hacerlo, no porque no tenían otra opción. De la misma manera, usted y yo podemos resistir al pecado si tan solo queremos obedecer la Palabra de Dios como lo hizo Jesús el día en que fue probado.

Inmediatamente después de vencer toda tentación, Jesús volvió en el poder del Espíritu Santo, vino a Nazaret y entró en la sinagoga y se levantó a leer el libro del profeta Isaías. Lucas 4:18-21 dice:

18 El Espíritu del Señor está sobre mí,
Por cuanto me ha ungido para dar buenas nuevas a los pobres;
Me ha enviado a sanar a los quebrantados de corazón;
A pregonar libertad a los cautivos,
Y vista a los ciegos;
A poner en libertad a los oprimidos;
19 A predicar el año agradable del Señor.
20 Y enrollando el libro, lo dio al ministro, y se sentó; y los ojos de todos en la sinagoga estaban fijos en él.
21 Y comenzó a decirles: Hoy se ha cumplido esta Escritura delante de vosotros.

No fue coincidencia que Jesús se levantó a leer y específicamente este pasaje de la Escritura, era el plan de Dios en desarrollo. Que Jesús declarara: "Hoy se ha cumplido esta escritura delante de vosotros", fue un escándalo para los judíos que estaban presentes aquel día. Ellos entendían perfectamente y se les había enseñado que Isaías 61 hacía referencia al Mesías. Y Jesús se estaba llamando a sí mismo el Mesías, el Ungido, el Cristo delante de ellos, lo cual era inaceptable. Es de entender su reacción, en sus mentes no podían comprender cómo alguien tan idéntico a ellos, un simple carpintero, podía reclamar ser el Mesías, el Ungido de Dios. En la sinagoga había muchos que conocían bien a Jesús, habían crecido con él, habían jugado con él cuando eran niños, no había nada especial en él. Incluso, Lucas relata que fue tanto su enojo que quisieron matarlo ese mismo día. Primero, fue en Belén donde nació y los judíos no lo reconocieron. Tampoco a los doce años, en el templo de Jerusalén; los doctores de la ley no le reconocieron. Luego en Nazaret, a los 30 años, tampoco le reconocieron. El apóstol escribió en Juan 1:12: "A lo suyo vino, y los suyos no le recibieron".

El Espíritu del Señor reposó sobre la vida de Jesús, como estaba escrito. A Juan el Bautista también se le había dicho: "...*Sobre quien veas descender el Espíritu y que permanece sobre él,* ése es el que bautiza con el Espíritu Santo" (Juan 1:33b).

Jesús cumplió la profecía que estaba escrita en Isaías, vino a predicar el año agradable del Señor y a poner en libertad a los oprimidos. Todo eso y mucho más se cumplió en Jesús, porque el Espíritu Santo de Dios reposó sobre de él.

El Mesías abriría los ojos de los ciegos y los oídos de los sordos, Jesús abrió los ojos de los ciegos y los oídos de los sordos (Isaías 35:4-6–Lucas 7:18-35; Mateo 11:5)

Isaías 35:4-6 declara:

> *⁴ Decid a los de corazón apocado: Esforzaos, no temáis; he aquí que vuestro Dios viene con retribución, con pago; Dios mismo vendrá, y os salvará.*
>
> *⁵ Entonces los ojos de los ciegos serán abiertos, y los oídos de los sordos se abrirán.*
>
> *⁶ Entonces el cojo saltará como un ciervo, y cantará la lengua del mudo; porque aguas serán cavadas en el desierto, y torrentes en la soledad.*

En esta profecía se declara que Dios mismo vendría en persona y nos salvaría y lo que el Mesías haría cuando viniera. Los ojos de los ciegos serían abiertos, los oídos de los sordos oirían y el cojo saltaría. Obras poderosas de Dios que, quienes las presenciaron, quedaron maravillados.

Me encanta la historia de curación que Jesús realizó a un ciego de nacimiento, se encuentra en el Evangelio de Juan 9:1-41. Los discípulos de Jesús le preguntaron "¿Quién pecó, éste o sus padres para que haya nacido ciego?". Esto revela que los discípulos asumían que la discapacidad de este hombre fue por causa de algún pecado, ya fuera de él o de sus padres. Aunque la enfermedad en muchas ocasiones es producto del pecado, en este caso no fue así. La respuesta de Jesús lo revela perfectamente. Jesús respondió: "No es que pecó éste, ni sus padres, *sino para que las obras de Dios se manifiesten en él*". Maravilloso, ¿no crees? Isaías había declarado que cuando el Mesías viniera haría obras como estas y así fue. Después de esta breve conversación con sus discípulos, Jesús hizo algo inusual, escupió en tierra, hizo lodo con la saliva y untó con el lodo los ojos del ciego. Qué manera tan peculiar y única de sanar. Muchos se escandalizarían y dirían "¡Qué antigénico! ¡Qué asco!", pero funcionó. Imagínate que tú hubieras nacido ciego y que luego te concedieran ver la luz. ¿Te ofenderías si Dios te pone lodo en los ojos y después de eso ves? ¡No lo creo! Yo saltaría de alegría y gozo y no me importaría lo que los demás opinaran. Además, se nos olvida que Dios nos hizo no solo los ojos, sino todo nuestro cuerpo de la tierra, hizo lodo y nos formó. Jesús le dijo al ciego: "Ve a lavarte al estanque de Siloé" (que traducido es "enviado"). Fue entonces y se lavó, y regresó viendo. ¿Quién más puede hacer eso? Solo el poder de Dios. Maravilloso. Me encanta esta historia porque, al final, el exciego termina dándoles una cátedra a los doctores de la ley, quienes se creían rectos ante Dios, pero ellos eran los ciegos en verdad. Como dicen por ahí, no hay peor ciego que el que no quiere ver.

Ahora veamos la curación de un paralítico, en Lucas 5:17-26. En esta historia este hombre lisiado era traído por sus amigos, pues no podía caminar. Al ver Jesús la fe de ellos, dijo al paralítico: "Hombre, tus pecados te son perdonados". Esto, por supuesto, provocó un escándalo entre los judíos, sobre todo porque entre ellos había fariseos y doctores de la ley, los cuales hablaban entre sí, diciendo: "¿Quién es este que habla blasfemias? ¿Quién puede perdonar pecados sino solo Dios?" Jesús no cometió blasfemia, pero ellos lo acusaban. Más bien, cada uno de estos casos sirvió para demostrar la deidad de Jesús. ¿Quién mejor que los fariseos sabían que solo Dios puede perdonar pecados? Por lo tanto, Jesús es Dios. Él les respondió: "Pues para que sepáis que el Hijo del hombre tiene potestad en la tierra para perdonar pecados", dijo al paralítico, "a ti te digo: Levántate, toma tu lecho, y vete a tu casa". Y al instante, levantándose en presencia de ellos, y tomando el lecho en que estaba acostado, se fue a su casa, glorificando a Dios. No solo por haber sido sanado físicamente, lo cual Jesús dijo que era más fácil de hacer, sino porque aquel día había sido sanado del alma. Sus pecados habían sido perdonados por Jesús, el Hijo de Dios, y había sido restaurada su comunión con Dios.

Por último, sobre este punto consideremos lo que Jesús respondió a los mensajeros enviados por Juan el Bautista cuando estaba preso, puedes leer la historia completa en Lucas 7:18-35. La pregunta para Jesús era: "¿Eres tú el que había de venir (el Mesías), o esperaremos a otro?". No trataré aquí sobre la razón detrás de la pregunta de Juan. Lo que me interesa aquí es resaltar la importancia de la pregunta y la respuesta que Jesús le da. La pregunta es fundamental, la pregunta tenía que ver con que si Jesús era el Mesías o no. La respuesta fue mucho más importante. Jesús no le respondió con un simple "sí", cualquier charlatán y farsante habría podido responder que sí lo era. Pero Jesús se los demostró estando ellos presentes. Luego les dijo en los versos 22-23:

²² Y respondiendo Jesús, les dijo: Id, haced saber a Juan lo que habéis visto y oído: los ciegos ven, los cojos andan, los leprosos son limpiados, los sordos oyen, los muertos son resucitados, y a los pobres es anunciado el evangelio;
²³ y bienaventurado es aquel que no halle tropiezo en mí.

Conectemos nuevamente la profecía de Isaías 35:4-6 con las palabras y los hechos de Jesús. ¿Acaso queda alguna duda de que Jesús es el Mesías? Si esto no es confiable para ti, entonces que más pudiera serlo. No hay palabra más confiable que la Palabra de Dios. Ojalá, mi querido amigo, tú también seas uno de esos bienaventurados de los cuales habló Jesús y que no halles ningún tropiezo para venir a Él hoy mismo. Y que, así como en estos casos de ciegos y cojos, puedan hoy tus ojos ser abiertos a la luz de la verdad de la Palabra de Dios y tus pies puedan ser encaminados por caminos de paz y quieras andar por ellos.

El Mesías establecería el Nuevo Pacto, Jesús inauguró el Nuevo Pacto (Jeremías 31:31-37–Mateo 26:17-29)

El Dios de la Biblia se dio a conocer como un Dios de pactos. Él se relacionó con el hombre a través de pactos. Ahora, ¿qué es un pacto? Para responder usaré la definición que da el Diccionario Bíblico Ilustrado Holman, que dice lo siguiente:

Pacto. Promesa sujeta a juramento mediante el cual una parte promete solemnemente bendecir o servir a la otra de alguna manera específica. A veces el cumplimiento de la promesa depende de que la parte a quien se le promete cumpla con ciertas condiciones. En otras ocasiones, la promesa se hace unilateral e incondicionalmente. El concepto de pacto es un tema esencial y unificador de las Escrituras que establece y define la relación de Dios con el hombre en todas las edades. En el Antiguo Testamento, la palabra hebrea que se traduce "pacto" es berit. Es probable que el término derive del verbo bara, "unir". El sustantivo berit originalmente se refería a una relación de unión entre dos partes en la que cada una de ellas se comprometía a realizar algún servicio a favor de la otra.

Estos son los seis pactos que aparecen en la Biblia, los cuales Dios estableció con el hombre:

1. Pacto Adámico (Génesis 2:15-17; Oseas 6:7)
2. Pacto Noético (Génesis 9:9-17)
3. Pacto Abrahámico (Génesis 12:1-3; 15:1-21; 17:1-14)
4. Pacto Mosaico o Sinaítico (Éxodo 19:5-6; 20:1-17)
5. Pacto Davídico (2 Samuel 7:12-16)
6. El Nuevo Pacto (Jeremías 31:31-37)

Como podemos observar, el primer pacto que Dios estableció fue con Adán, en el Edén; el segundo con Noé, después del diluvio; el tercero con Abraham, en Canaán; el cuarto con Moisés, en el Sinaí; el quinto con David, en el reino unificado de Israel. Solo hacía falta el sexto y último Pacto. ¿Cómo Dios lo iba a hacer? Aún no se sabía, pero esto es lo que reveló a través del profeta Jeremías 31:31-37:

31 He aquí que vienen días, dice Jehová, en los cuales haré nuevo pacto con la casa de Israel y con la casa de Judá.

32 No como el pacto que hice con sus padres el día que tomé su mano para sacarlos de la tierra de Egipto; porque ellos invalidaron mi pacto, aunque fui yo un marido para ellos, dice Jehová.

33 Pero este es el pacto que haré con la casa de Israel después de aquellos días, dice Jehová: Daré mi ley en su mente, y la escribiré en su corazón; y yo seré a ellos por Dios, y ellos me serán por pueblo.

34 Y no enseñará más ninguno a su prójimo, ni ninguno a su hermano, diciendo: Conoce a Jehová; porque todos me conocerán, desde el más pequeño de ellos hasta el más grande, dice Jehová; porque perdonaré la maldad de ellos, y no me acordaré más de su pecado.

35 Así ha dicho Jehová, que da el sol para luz del día, las leyes de la luna y de las estrellas para luz de la noche, que parte el mar, y braman sus ondas; Jehová de los ejércitos es su nombre:

36 Si faltaren estas leyes delante de mí, dice Jehová, también la descendencia de Israel faltará para no ser nación delante de mí eternamente.

37 Así ha dicho Jehová: Si los cielos arriba se pueden medir, y explorarse abajo los fundamentos de la tierra, también yo desecharé toda la descendencia de Israel por todo lo que hicieron, dice Jehová.

Esta profecía al igual que muchas otras vino más de quinientos años antes de que Jesús naciera. Pero Dios había hablado, solo quedaba esperar el cumplimiento de su promesa. Y finalmente ese tiempo llegó. Jesús nació, creció e inició su ministerio como ya hemos visto. Cuando cumplió treinta años, empezó a hacer muchos milagros, anunciar el reino de Dios y todo lo que estaba escrito que haría. Pasaron aproximadamente tres, o tres años y medio, y su ministerio terrenal estaba a punto de finalizar. Ahora era el tiempo para establecer el Nuevo Pacto. Jesús, antes de ser crucificado, pasó un tiempo importante a solas con los discípulos que él había escogido. Para cumplir esta importante promesa que Dios había hecho en el Antiguo Testamento: el establecimiento del Nuevo Pacto. Ahora veamos qué hizo Jesús aquella noche de pascua, muy especial en Jerusalén. Mateo 26:26-28, dice:

> [26] *Y mientras comían, tomó Jesús el pan, y bendijo, y lo partió, y dio a sus discípulos, y dijo: Tomad, comed; esto es mi cuerpo.*
> [27] *Y tomando la copa, y habiendo dado gracias, les dio, diciendo: Bebed de ella todos;*
> [28] *porque esto es mi sangre del nuevo pacto, que por muchos es derramada para remisión de los pecados.*

La copa que compartió Jesús con sus discípulos aquella noche era la inauguración de aquel Nuevo Pacto que Dios había prometido. Jesús les dijo: "Bebed de ella todos; porque esto es mi sangre del Nuevo Pacto, que por muchos es derramada para remisión de los pecados". Ahora quedaba establecido el sexto y último pacto de Dios. Lo celebró con doce hombres que representaban a una nación (Israel) y que posteriormente él usaría como sus testigos y voceros para anunciar las Buenas

Nuevas al mundo entero. ¿No es eso glorioso? Dios tenía un plan perfecto para la redención del ser humano y lo hizo una realidad hace dos mil años atrás.

EL SACRIFICIO DEL MESÍAS

Y casi todo es purificado, según la ley, con sangre;
y sin derramamiento de sangre no se hace remisión.
(Hebreos 9:22)

Dios no solo tenía el plan perfecto, sino también el tiempo perfecto. Cuando consideramos y analizamos todos estos detalles, es sorprendente. Es imposible que esto sea invento o idea de algún hombre, como muchos suponen. Que todos estos eventos y detalles armonicen y encajen perfectamente no es obra de hombre alguno, solo puede ser obra de Dios. Piense conmigo por un momento, si fuera un invento de los hombres, ¿cómo es que tiene tanta coherencia y precisión? ¿Es posible que un hombre haya podido escribir y predecir la historia miles de años antes de que sucediera? ¿Acaso podemos hacerlo nosotros? ¿Podemos predecir lo que sucederá de aquí a diez, quince o veinte años? ¿Es eso posible? Por supuesto que no, eso es imposible. Ni un hombre, ni dos, ni cien, ni mil pueden predecir con exactitud lo que sucederá en el futuro. Solo lo puede hacer Aquel que conoce y sabe lo que será. Ese único ser es Dios, no hombre.

Anteriormente vimos que Dios se relacionó con el hombre a través de pactos. Pero, también Dios ordenó y estableció fiestas anuales, a través de las cuales su pueblo recordaría eventos y actos específicos en futuras generaciones. Así es como el Diccionario Bíblico Ilustrado define la palabra fiestas:

Fiestas. Celebraciones religiosas regulares en memoria de los grandes hechos salvíficos de Dios en la historia de Su pueblo. [31]

Dios mismo fue quien estableció estas fiestas para su pueblo y dio órdenes especificas al respecto (Levítico 23:1-44). Entre esas fiestas, la Pascua es la primera del año en el calendario religioso, y una de las tres principales fiestas judías, conocidas como fiestas solemnes (Éxodo 23:14-19). Veamos ¿qué es y qué representaba la fiesta de la Pascua?

Pascua. El nombre "Pascua" viene del hebreo pesakh, "pasar por alto", "pasar sobre" o "preservar". Éxodo 12:23 relata cómo el ángel de destrucción pasó por alto las casas de Israel cuando la última plaga quitó la vida a todos los primogénitos egipcios.

La Pascua se refiere al cordero pascual, el sacrificio ofrecido en la víspera de la celebración. La naturaleza de esta ceremonia se describe en detalle en Éxodo 12.

El significado principal de la Pascua viene del evento histórico que celebra, el éxodo de Egipto. La Pascua conmemoraba la gran liberación que transformó a

[31]Diccionario Bíblico Ilustrado Holman, B&H Publishing Group, Nashville, Tennessee, 2008. p 633
[32]Diccionario Teológico Beacon, Casa Nazarena de Publicaciones, Kansas City, Missouri, 1984. p. 501

una multitud de esclavos en el pueblo de Dios. Era el cumpleaños de Israel. La Pascua es la fiesta de la libertad, la libertad de Israel para servir a Dios voluntariamente.[32]

Ya que hemos definido y entendido lo que la Pascua es y significa, podemos comprender mejor el evento importante que está por suceder en la vida del Mesías. Hasta aquí Jesús había hecho todo lo que el Mesías debía hacer, solo faltaba lo más importante: *morir, ser sacrificado y derramar su sangre para la remisión de los pecados del mundo.* Era necesario que Jesús muriera para redimir a la humanidad caída. Es lo que Hebreos 9:22, dice: "Y casi todo es purificado, según la ley, con sangre; y *sin derramamiento de sangre no se hace remisión*". Veamos cómo era posible que Jesús fuera el cordero pascual.

El Mesías derramaría su sangre por el pecado del mundo, Jesús fue Cordero pascual que derramó su sangre para salvarnos (Isaías 53:3-6–Juan 1:29, 36; 19:17-36)

> [29] *El siguiente día vio Juan a Jesús que venía a él, y dijo: He aquí el Cordero de Dios, que quita el pecado del mundo.*
> [36] *Y mirando a Jesús que andaba por allí, dijo: He aquí el Cordero de Dios.*
> (Juan 1:29 y 36)

Juan el Bautista reconoció a Jesús como el Cordero de Dios. ¿De qué cordero estaba hablando o cómo Jesús podía ser el Cordero? Se refería al Cordero pascual o Cordero para el sacrificio de la Pascua, según está estipulado en Éxodo 12. Pero no solo eso, Juan el Bautista resuelve y responde una importante pregunta qua había resonado por siglos y siglos.

La historia se encuentra en Génesis 22. En este capítulo Dios probó la fe de Abraham, le pidió que sacrificara a su único hijo, Isaac en holocausto (ofrenda totalmente quemada). Abraham tenía que sacrificar al hijo que tanto había soñado. No era nada fácil la prueba, pero Abraham obedeció y sin replicar se puso en marcha. Al siguiente día tomó a dos siervos suyos y a Isaac, su hijo; cortó la leña para el sacrificio y se fueron al lugar que Dios le había indicado. Génesis 22:6-8, dice:

> ⁶ Y tomó Abraham la leña del holocausto, y la puso sobre Isaac su hijo, y él tomó en su mano el fuego y el cuchillo; y fueron ambos juntos.
>
> ⁷ Entonces habló Isaac a Abraham su padre, y dijo: Padre mío. Y él respondió: Heme aquí, mi hijo. Y él dijo: He aquí el fuego y la leña; mas ¿dónde está el cordero para el holocausto?
>
> ⁸ Y respondió Abraham: Dios se proveerá de cordero para el holocausto, hijo mío. E iban juntos.

Isaac sabía lo que un sacrificio de holocausto significaba. Su padre Abraham le había enseñado a hacerlo. Además, le había contado todas las poderosas promesas que Dios cumpliría a través de él. Isaac era el hijo de la promesa. En esta ocasión, Isaac acompañó a su padre para este sacrificio, pero notó que faltaba algo, lo más importante, por cierto. Faltaba el cordero que sería sacrificado. Llevaban leña y llevaban fuego, pero no llevaban cordero. Así que le preguntó a su padre: "¿Dónde está el cordero para este sacrificio?". Sabiamente y, sobre todo, inspirado por Dios, Abraham respondió: "Dios se proveerá de cordero para el holocausto, hijo mío". Para este entonces Abraham era un gigante en la fe. Confiaba en Dios y estaba dispuesto a obedecer en todo. No había nada que Dios le pidiera que él no estuviera dispuesto a entregar. Abraham había entendido que Dios era digno de toda obediencia y confianza, porque él lo sabía todo y lo podía todo. Aquel día, como siempre, Dios se glorificó y proveyó un carnero para el sacrificio en lugar de Isaac. Entonces, conectando la historia de Génesis 22 con lo que Juan el Bautista testificó el día en que Jesús apareció ante él, respondió la pregunta que Isaac hizo y que resonó a lo largo de la historia: "¿Dónde está el cordero para el holocausto?". Solo que ahora la provisión de Dios no sería un cordero literalmente, sino su propio Hijo, Jesús. Juan dijo viendo a Jesús: "He aquí el Cordero de Dios, que quita el pecado del mundo". ¿No es eso maravilloso? Gloria a Dios por su provisión y porque no nos dejó morir en nuestros pecados, sino que proveyó el Cordero perfecto, el Cordero sin mancha, sin pecado, Jesús, su Hijo. Juan 19:17-19, 28-36, dice:

[17] Y él, cargando su cruz, salió al lugar llamado de la Calavera, y en hebreo, Gólgota;

[18] y allí le crucificaron, y con él a otros dos, uno a cada lado, y Jesús en medio.

[19] Escribió también Pilato un título, que puso sobre la cruz, el cual decía: JESÚS NAZARENO, REY DE LOS JUDÍOS.

[28] Después de esto, sabiendo Jesús que ya todo estaba consumado, dijo, para que la Escritura se cumpliese: Tengo sed.

²⁹ *Y estaba allí una vasija llena de vinagre; entonces ellos empaparon en vinagre una esponja, y poniéndola en un hisopo, se la acercaron a la boca.*

³⁰ *Cuando Jesús hubo tomado el vinagre, dijo: Consumado es. Y habiendo inclinado la cabeza, entregó el espíritu.*

³¹ *Entonces los judíos, por cuanto era la preparación de la pascua, a fin de que los cuerpos no quedasen en la cruz en el día de reposo (pues aquel día de reposo era de gran solemnidad), rogaron a Pilato que se les quebrasen las piernas, y fuesen quitados de allí.*

³² *Vinieron, pues, los soldados, y quebraron las piernas al primero, y asimismo al otro que había sido crucificado con él.*

³³ *Mas cuando llegaron a Jesús, como le vieron ya muerto, no le quebraron las piernas.*

³⁴ *Pero uno de los soldados le abrió el costado con una lanza, y al instante salió sangre y agua.*

³⁵ *Y el que lo vio da testimonio, y su testimonio es verdadero; y él sabe que dice verdad, para que vosotros también creáis.*

³⁶ *Porque estas cosas sucedieron para que se cumpliese la Escritura: No será quebrado hueso suyo.*

Jesús cumplió su misión al decir "Consumado es". En otras palabras, el plan de redención de Dios, finalmente, se había cumplido. Ahora, el hombre podía entrar libremente a la presencia de Dios y disfrutar de la comunión íntima con Él. El evangelio de Mateo 27:50-51 agrega otro dato interesante que sucedió el día que Jesus declaró: "Consumado es".

[50] Mas Jesús, habiendo otra vez clamado a gran voz, entregó el espíritu.

[51] Y he aquí, el velo del templo se rasgó en dos, de arriba abajo; y la tierra tembló, y las rocas se partieron.

El velo del templo que separaba el Lugar Santo del Lugar Santísimo (donde estaba el Arca del Pacto que representaba la presencia de Dios), se rasgó de arriba abajo. Con esto Dios dio a entender que, a partir de ese momento, cualquier persona puede acercarse a él por medio del sacrificio de Jesús. Todos podemos entrar al Lugar Santísimo, ya no solo el Sumo Sacerdote una vez por año. Cualquier persona, en cualquier lugar y en cualquier momento. Esto es trascendental. Estas son las Buenas Noticias (el Evangelio).

Hebreos 10:12-22 dice:

[12] pero Cristo, habiendo ofrecido una vez para siempre un solo sacrificio por los pecados, se ha sentado a la diestra de Dios,

[13] de ahí en adelante esperando hasta que sus enemigos sean puestos por estrado de sus pies;

[14] porque con una sola ofrenda hizo perfectos para siempre a los santificados.

[15] Y nos atestigua lo mismo el Espíritu Santo; porque después de haber dicho:

[16] Este es el pacto que haré con ellos

Después de aquellos días, dice el Señor:

Pondré mis leyes en sus corazones,

Y en sus mentes las escribiré,

17 añade:

Y nunca más me acordaré de sus pecados y transgresiones.

18 Pues donde hay remisión de éstos, no hay más ofrenda por el pecado.

*19 **Así que, hermanos, teniendo libertad para entrar en el Lugar Santísimo por la sangre de Jesucristo,***

*20 **por el camino nuevo y vivo que él nos abrió** a través del velo, esto es, de su carne,*

21 y teniendo un gran sacerdote sobre la casa de Dios,

22 acerquémonos con corazón sincero, en plena certidumbre de fe, purificados los corazones de mala conciencia, y lavados los cuerpos con agua pura.

Ahora tú puedes entrar al Lugar Santísimo, al lugar de la comunión con Dios, solo tienes que entrar *por el camino nuevo y vivo que él nos abrió,* Jesucristo.

Jesús es el único medio que Dios estableció para tener comunión con él. No podemos acercarnos por medios o méritos humanos, sino por su gracia que fue derramada en Jesús, quien pagó el precio de nuestra salvación (Efesios 2:8-10).

¿CÓMO PODEMOS VOLVER A LA COMUNIÓN CON DIOS?

Después de todo lo dicho hasta aquí, ahora contestaremos la importante pregunta *¿Cómo podemos volver a la comunión* *con Dios?* Voy a dejar que Jesús mismo sea el que nos responda. En Juan 3:1-30, Jesús dijo que hay dos cosas *necesarias* para ver y entrar en el reino de Dios: *1. La necesidad del nuevo nacimiento* (v. 3, 5, 7). *2. La necesidad del sacrificio perfecto* (v. 14, 16). Después veremos que hay una tercera cosa necesaria según lo expresó Juan el Bautista en el mismo pasaje: *3. La necesidad de morir al yo* (v. 30). Veamos lo que significa:

1. La necesidad del nuevo nacimiento (v. 3, 5, 7)

En Juan 3, Jesús tuvo una conversación con un hombre llamado Nicodemo, un principal entre los judíos. Aunque aparentemente Nicodemo no le hace pregunta alguna a Jesús, solo reconoce que Jesús ha venido de Dios, es obvio que en el corazón de Nicodemo había una necesidad, había venido a Jesús con la necesidad de saber cómo podía ser salvo. Esto es interesante, Nicodemo era un hombre rico, tenía una buena posición, era respectado en su nación. No era un joven que empezaba a vivir, era un hombre de edad y, sobre todo, Nicodemo era un hombre religioso; aun con todo lo que era y había logrado, le faltaba lo más importante: no tenía seguridad de su salvación. En Juan 3:3, 7, Jesús aborda sin demora el tema: "Respondió Jesús y le dijo: De cierto, de cierto te digo, *que el que no naciere de nuevo, no puede ver el reino de Dios. No te maravilles de que te dije: Os es necesario nacer de nuevo*". Jesús habló del nuevo nacimiento, pero no es un concepto nuevo en la Biblia. Cuando Dios prometió el Nuevo Pacto en Jeremías 31:31-37 y Ezequiel 36:25-38, prometió quitar el corazón de piedra que tenemos y darnos uno de carne. Un corazón nuevo, espíritu nuevo y pondría un espíritu nuevo en cada uno de nosotros. Solo Dios puede hacer algo así, para nosotros esto es imposible. Para Dios no.

¿Qué significa el nuevo nacimiento?

Nacer de nuevo significa nacer otra vez o volver a nacer. Jesús dijo que significa nacer del agua y del Espíritu. Así es como lo define el teólogo Wayne Grudem:

Podemos definir la regeneración de la siguiente manera: La regeneración es acto secreto de Dios mediante el cual nos imparte una vida espiritual nueva. Esto es lo que también se conoce como "nacer de nuevo" (usando el lenguaje de Juan 3:3-8).

¿Cómo puede hacerse eso?

El *nuevo nacimiento* es obra exclusiva del Espíritu de Dios. Solo Dios puede producir o generar vida nueva. Las preguntas lógicas de Nicodemo fueron (v. 4, 9): "¿Cómo puede un hombre nacer siendo viejo?, ¿puede acaso entrar por segunda vez en el vientre de su madre y nacer? ¿Cómo puede hacerse esto? Para los hombres esto es imposible, mas para Dios todo es posible", (Mateo 19:26). Verá, si nacer de nuevo significa nacer otra vez, es imposible volver al vientre de nuestra madre y nacer otra vez, es imposible. Jesús dijo que nacer de nuevo es nacer del agua y del Espíritu, o nacer por obra del Espíritu Santo, es un nacimiento espiritual, no carnal. Las siguientes Escrituras lo revelan claramente en Juan 1:11-13:

> [11] *A lo suyo vino, y los suyos no le recibieron.*
> [12] *Mas a todos los que le recibieron, a los que creen en su nombre, les dio potestad de ser hechos hijos de Dios;*
> [13] *los cuales no son engendrados de sangre, ni de voluntad de carne, ni de voluntad de varón, sino de Dios.*

Esto es sumamente importante. Juan dice que cuando nacimos físicamente (del vientre de nuestra madre) fue por voluntad de sangre, de carne y de varón, es decir fueron nuestros padres quienes decidieron y desearon tener hijos cuando se casaron, y nos engendraron a nosotros (por supuesto Dios permitió que fuéramos concebidos). Pero, en el nuevo nacimiento, nada tienen que ver ni sangre, ni carne, ni varón. Es decir, nada tienen que ver nuestros padres biológicos. Este nuevo nacimiento es intervención única y exclusiva del Dios todopoderoso. Por eso es que ahora somos llamados hijos de Dios. Somos producto del amor de Dios. 1 Juan 3:1 dice: "Mirad cual amor nos ha dado el Padre, para que seamos llamados hijos de Dios; por esto el mundo no nos conoce, porque no le conoció a él". Dios ama a todo ser humano que ha nacido sobre la tierra y también desea que todos tengamos un nuevo nacimiento.

Podemos decir que el nuevo nacimiento se da cuando una persona escucha la Palabra de Dios (el agua) y por la fe en esa

[33]Teología Sistemática. Wayne Grudem. Editorial Vida. Miami, Florida. 2007. p.733

Palabra el Espíritu Santo produce y genera vida espiritual en nosotros. Es cuando creemos en el Evangelio de Jesús que nacemos de nuevo.

Santiago 1:18

Él (Dios), de su voluntad, nos hizo nacer por la palabra de verdad (el agua), para que seamos primicias de sus criaturas. (Énfasis añadido)

1 Pedro 1:3, 23

³ Bendito el Dios y Padre de nuestro Señor Jesucristo, que *según su grande misericordia nos hizo renacer* para una esperanza viva, por la resurrección de Jesucristo de los muertos,

²³ *siendo renacidos,* no de simiente corruptible, sino de incorruptible, *por la palabra de Dios que vive y permanece para siempre.*

Tito 3:5

...nos salvó, no por obras de justicia que nosotros hubiéramos hecho, sino por su misericordia, por el lavamiento de la regeneración y por la renovación en el Espíritu Santo

¿Por qué es necesario nacer de nuevo?

He aquí la importancia y la necesidad del nuevo nacimiento: *Jesús dijo que sin el nuevo nacimiento nadie puede ver ni entrar en el reino de Dios. Nadie significa nadie, ni una sola persona.* Sin Jesús no hay entrada al cielo, ni gloria ni paraíso, ni vida eterna. Nadie podrá entrar al cielo si no nace de nuevo. Es importante entender esto. Es la exclusividad de Jesús y el cristianismo. No se puede entrar a la presencia de Dios sin el nuevo nacimiento. Es una necesidad y hay una urgencia en cada ser humano de nacer de nuevo. Todos estamos muertos espiritualmente y hay personas muriendo físicamente todos los días, partiendo a la eternidad sin haber nacido de nuevo. Pasarán la eternidad sin Cristo.

¿Cuáles son las evidencias en una persona que ha nacido de nuevo?

Una persona que ha nacido de nuevo es una persona regenerada (Tito 3:5), que tiene al Espíritu Santo de Dios morando en su interior. Por lo tanto, es consciente del mundo espiritual y de su necesidad espiritual. Desea el alimento espiritual que es la Palabra de Dios (Mateo 4:4) y busca las cosas de arriba, donde está Cristo (Colosenses 3:1-2).

2. La necesidad del sacrificio perfecto (v. 14, 16)

Siguiendo la conversación entre Jesús y Nicodemo, en Juan 3:14-16, esto dijo:

> *14 Y como Moisés levantó la serpiente en el desierto, así es necesario que el Hijo del Hombre sea levantado,*
> *15 para que todo aquel que en él cree, no se pierda, mas tenga vida eterna.*
> *16 Porque de tal manera amó Dios al mundo, que ha dado a su Hijo unigénito, para que todo aquel que en él cree, no se pierda, mas tenga vida eterna.*

Jesús hace alusión a un pasaje muy conocido por los judíos en el Antiguo Testamento, cuando los hijos de Israel peregrinaban en el desierto después de la cautividad en Egipto. Los hijos de Israel murmuraron contra Dios y contra Moisés y Jehová envió entre el pueblo serpientes ardientes, que mordían a los hombres como castigo y mucho pueblo murió a causa de las serpientes. Cuando vieron que moría mucha gente, se arrepintieron de su pecado, vinieron ante Moisés y le pidieron que orara a Dios por ellos. Moisés lo hizo y esta fue la respuesta que Dios le dio, Números 21:8-9, dice:

> *8 Y Jehová dijo a Moisés: Hazte una serpiente ardiente, y ponla sobre una asta; y cualquiera que fuere mordido y mirare a ella, vivirá.*
>
> *9 Y Moisés hizo una serpiente de bronce, y la puso sobre una asta; y cuando alguna serpiente mordía a alguno, miraba a la serpiente de bronce, y vivía.*

Que curiosa la forma en que Dios obra. ¿Por qué Dios no les quitó las serpientes cuando tenía todo el poder para hacerlo? Dios no lo hizo, en cambio, le dio a Moisés una solución poco común: "Hazte una serpiente ardiente, y ponla sobre una asta; y cualquiera que fuere mordido y mirare a ella, vivirá". ¿Qué era lo que Dios estaba haciendo? ¿Qué significa todo eso? Dios estaba prefigurando la forma en como iba a usar la fe en el sacrificio de su Hijo, para salvar a los hombres del pecado. Jesús dijo, así como Moisés levantó la serpiente en el desierto, así es necesario que el Hijo del Hombre sea levantado. Dios no quitó las serpientes ni impidió que fueran mordidos, en cambio lo que hizo fue que anuló el poder mortal del veneno en los hombres que creyeron en el remedio y la solución que él había provisto.

Jesús fue levantado y clavado en la cruz (levantado en una asta), para que cualquiera que fuera mordido por la serpiente (Satanás) y mire a Jesús (ponga su fe él), no morirá, será salvo. El veneno de la serpiente (Satanás) será anulado. El único requisito es depositar tu fe en la palabra de Dios, el remedio y la solución que él dio fue Jesús.

Ningún hombre podía ni puede pagar el precio de su salvación, porque todos somos pecadores. En esa condición, aunque hagamos buenas obras o incluso sacrifiquemos nuestras propias vidas, no serviría. Dios no lo aceptaría porque somos carne contaminada, inmunda. No hay nadie que esté en la condición como para servir de sacrificio u ofrenda, por el pecado. Nadie puede llegar al precio, todos estamos descalificados, no pasamos la prueba, ni cumplimos con los requisitos de pureza y santidad que Dios demanda. Ni uno solo de los millones que hemos nacido podemos ser lo suficientemente limpios como para pagar por nuestra salvación.

Razones por las cuales no podemos pagar por nuestra salvación:

- Dios solo aceptaba un sacrificio vivo (Romanos 12:1; 1 Pedro 2:5).

Todos estamos muertos (Romanos 6:23a).

- Dios solo aceptaba un sacrificio perfecto (Éxodo 12:5; 1 Pedro 1:19).

No hay perfección en ninguno de nosotros y nos descalifica.

Nuestras buenas obras no impresionan a Dios, no sirven de nada (Isaías 64:6).

Esta es la importancia y la exclusividad del sacrificio de Jesús, Hechos 4:12 dice:

Y en ningún otro hay salvación; porque no hay otro nombre bajo el cielo, dado a los hombres, en que podamos ser salvos.

Hoy en día muchos se ofenden y se escandalizan cuando se predica y se declara que no hay otro medio de salvación, sino solo en Jesús. La pregunta que muchos se hacen es: ¿Por qué Jesús es el único que salva? o ¿Por qué el cristianismo es tan exclusivista? ¿Por qué no puede salvarse una persona a través del budismo, el islamismo o el hinduismo, etc.? La respuesta es simple, solo Cristo es el sacrificio perfecto y solo él pagó el precio de nuestra salvación. Esos son los términos y las condiciones de Dios, no las nuestras. ¿Por qué Dios no podría ser exclusivo si es el único que existe? Es Dios a quien hemos ofendido y de quien nos hemos apartado. Por lo tanto, Él es el único que puede decirnos cómo podemos hacer las paces con Él. Es el juez el que determina la sentencia en el juicio, no el acusado.

Tiene sentido, ya discutimos esto, hay un solo Dios verdadero, no muchos dioses. Hay muchas religiones y dioses falsos, sí; pero verdadero solo hay uno, el Dios de Israel. Quiero aprovechar para aclarar la falsa creencia que muchos tienen de pensar que Dios está en todas las religiones. Eso es falso, es una vil mentira. Dios no está en todas las religiones, él no comparte, ni compartirá, su gloria con ningún ídolo que los hombres han creado. Dios ha establecido solo dos religiones y la Biblia habla de ellas: el *judaísmo* en el Antiguo Testamento y el *cristianismo* en el Nuevo Testamento. Solo estas dos, las demás fueron establecidas por los hombres, por lo tanto son falsas. Y todo ídolo es falso.

Muchos quieren ir al cielo y a Dios por el camino que la religión que profesan les ha trazado. Eso es imposible, porque Dios proveyó el único camino por el cual se puede llegar a él, Jesús (Juan 14:6). Es como si una persona quisiera entrar a ver un partido de los Lakers con un boleto de un partido de los Dogers. Cuando intente entrar, te aseguro, no se lo permitirán, aunque diga que pagó por su boleto. Ese boleto no sirve para entrar ahí, porque es el lugar equivocado. Para entrar a ver a los Lakers tienes que comprar sus boletos, o no entras. ¿Acaso alguien se pone a pelear con los empleados del estadio y les reclama porque solo aceptan sus propios boletos? Solo un demente haría eso. ¿Por qué nadie reclama por eso? Porque todos entienden que ellos son los dueños del equipo y del estadio y tienen todo el derecho de poner sus reglas y sus condiciones. ¿Acaso Dios no puede ni tiene el derecho de poner sus propias reglas y condiciones para dejarnos entrar al cielo, que es propiedad de Él? ¿Hay algo de malo en eso? Es una tontería querer ir y entrar al cielo por nuestros propios caminos y medios, ignorando el único, que Dios estableció.

Este es el mensaje que Jesús, después de haber resucitado, mandó a sus discípulos que predicaran. Lucas 24:46-48

> ⁴⁶ *y les dijo: Así está escrito, y así fue necesario que el Cristo padeciese, y resucitase de los muertos al tercer día;*
>
> ⁴⁷ *y que se predicase **en su nombre** el arrepentimiento y el perdón de pecados en todas las naciones, comenzando desde Jerusalén.*
>
> ⁴⁸ *Y vosotros sois testigos de estas cosas.*

Una vez más, esta es la exclusividad de Cristo. Entendámoslo, nadie más murió por nuestros pecados, solo Jesús. Es verdad, ni Mahoma, ni Siddhartha Gautama (Buda), ni Confucio, ni Zoroastro, ni Lao-Tsé, ni María, ni José, ni san Pedro, ni san Pablo, ni ningún otro hombre ni nombre. Ni ellos se pudieron salvar a sí mismos, menos salvarían a alguien más. Solo Cristo Jesús fue el sacrificio perfecto, porque vivió una vida perfecta. *Era necesario que Jesús muriera porque solo Él era el sacrifico perfecto.* Por lo tanto, es justo que sea solo Jesús quien se proclame como único y suficiente Salvador. Aleluya.

Ahora lea lo que los discípulos empezaron a predicar. En Hechos 4:11-12, dice:

> ¹¹ *Este Jesús es la piedra reprobada por vosotros los edificadores, la cual ha venido a ser cabeza del ángulo.*
>
> ¹² *Y en ningún otro hay salvación; porque no hay otro nombre bajo el cielo, dado a los hombres, en que podamos ser salvos.*

Nada puede ser más claro que esta verdad. No hay salvación en otro nombre bajo el cielo. Por lo tanto, nadie debe invocar ni predicar otro nombre, solo el nombre de Jesús ante el cual se doblará toda rodilla de los que están en los cielos y de los que están en la tierra (Romanos 14:11, Filipenses 2:10). El nombre de Cristo Jesús es efectivo para predicarse en todo el mundo. Aquí y en Asia, África, Europa, Oceanía, Australia y donde quiera, Cristo Jesús tiene poder y autoridad para salvar a todo aquel que invoque su nombre. Solo Cristo salva. Salgamos y proclamemos con fuerza y denuedo su glorioso nombre en todo rincón de la tierra. No calles, ni te avergüences del Santo nombre del Hijo de Dios, Jesús.

Dios ya hizo la parte que le correspondía hacer a Él, ahora nos toca a nosotros hacer la nuestra. Al principio de este capítulo mencioné las dos cosas que nosotros debíamos hacer: reconocer nuestra condición caída y aceptar por la fe la obra redentora del Mesías. Esto se resume en morir al yo.

> Muere y Dios vivirá en ti.
> Jesús murió por nosotros,
> ahora nosotros tenemos que
> morir para que él viva en
> nosotros.

3. La necesidad de morir al yo (ego) (v. 30)

Siguiendo el relato de Juan, capítulo 3, en el versículo 3, Juan el Bautista nos da un gran ejemplo de cómo nosotros debemos vivir. Juan dijo: "Es necesario que Él crezca, pero que yo mengüe. Es necesario que Jesús crezca en nosotros y que nosotros desaparezcamos. Porque ninguna persona puede resucitar si primero no muere. Así también nadie puede nacer de nuevo (resucitar espiritualmente) si primero no muere". ¿Quiere decir que debemos matarnos? Por supuesto que no. Y ¿a qué tenemos que morir? Al yo, a nuestros deseos y a nuestras pasiones. Para nacer de nuevo es necesario morir primero. Esto quiere decir que debemos renunciar a seguir viviendo como hasta ahora hemos estado viviendo: lejos y olvidados de Dios, ignorándolo en todos nuestros caminos. Viviendo y buscando siempre hacer lo que nosotros queremos, eso es lo que significa morir al yo. Significa quitarnos de en medio nosotros y dejar que Dios viva y ocupe el centro en nosotros. Eso cuesta, es difícil y poco agradable a nuestra carne, el orgullo se rebela, pero es necesario si queremos regresar a Dios y hemos de disfrutar nuestra comunión con Él. Sin ese renunciamiento a nosotros mismos no puede haber nuevo nacimiento y si no hay nuevo nacimiento, como hemos visto, no puede haber entrada al reino de Dios, ni podemos disfrutar de la vida de Dios en nosotros, punto.

En Lucas 9:23, Jesús dijo: "...si alguno quiere venir en pos de mí, *niéguese a sí mismo*, tome su cruz cada día, y sígame". Y en Lucas 14:33, volvió Jesús a decir: "Así, pues, cualquiera de vosotros que no renuncia a todo lo que posee, no puede ser mi discípulo".

Ese negarse y renunciamiento es lo que cuesta a todo ser humano, es ahí donde tenemos que morir al orgullo, al ego, para que podamos tener comunión con Dios. Muere y Dios vivirá en ti. Jesús murió por nosotros, ahora nosotros tenemos que morir para que Él viva en nosotros.

¿QUÉ DEBES HACER PARA SER SALVO?

Arrepiéntete de tus pecados y cree en el Señor Jesucristo

Arrepiéntete de tus pecados

Es esencial el arrepentimiento para ser salvos. Este es el mensaje que tanto Juan el Bautista, Jesús y sus discípulos empezaron proclamar: "Arrepentíos, porque el reino de los cielos se ha acercado" (Mateo 3:2, 4:17; Hechos 3:19). Y ese es y debe ser nuestro mensaje hoy. No tenemos por qué cambiarlo, los tiempos han cambiado, sí; pero el hombre no. Por lo tanto, necesitamos arrepentirnos de nuestros pecados para ser salvos. Ese es el llamado de Dios para todos los hombres, en Hechos 17:30-31, dice:

> [30] *Pero Dios, habiendo pasado por alto los tiempos de esta ignorancia, ahora manda a todos los hombres en todo lugar, que se arrepientan;*
> [31] *por cuanto ha establecido un día en el cual juzgará al mundo con justicia, por aquel varón a quien designó, dando fe a todos con haberle levantado de los muertos.*

Y en Hechos 3:19-20:

¹⁹ Así que, arrepentíos y convertíos, para que sean borrados vuestros pecados; para que vengan de la presencia del Señor tiempos de refrigerio,

²⁰ y él envíe a Jesucristo, que os fue antes anunciado.

Arrepentimiento significa compunción causada por la culpa. Necesitamos reconocer nuestras culpas y sentir dolor por ello. Hechos 2:36-38, dice:

³⁶ Sepa, pues, ciertísimamente toda la casa de Israel, que a este Jesús a quien vosotros crucificasteis, Dios le ha hecho Señor y Cristo.

³⁷ Al oír esto, se compungieron de corazón, y dijeron a Pedro y a los otros apóstoles: Varones hermanos, ¿qué haremos?

³⁸ Pedro les dijo: Arrepentíos, y bautícese cada uno de vosotros en el nombre de Jesucristo para perdón de los pecados; y recibiréis el don del Espíritu Santo.

La importancia del arrepentimiento y la obra de Jesús

Cree en el Señor Jesucristo

Para ser salvos debemos hacer lo mismo que hizo el carcelero de Filopos y cada uno de los que hemos sido salvados por Dios. En Hechos 16:31-31, dice:

> *30 y sacándolos, les dijo: Señores, ¿qué debo hacer para ser salvo?*
>
> *31 Ellos dijeron: **Cree en el Señor Jesucristo, y serás salvo, tú y tu casa.***

La redención fue hecha por Jesús cuando declaró en la cruz: "Consumado es". Es decir, hecho está, el precio ha sido pagado. Ahora hace falta que cada ser humano reconozca que está perdido sin Dios y que le necesitamos. Clamemos a Él. La parte que nos corresponde hacer no es difícil. Solo tenemos que creer en el Hijo de Dios, poner nuestra fe y confianza en el sacrificio que Él hizo en la cruz por nosotros.

Juan 20:30-31 dice:

> *30 Hizo además Jesús muchas otras señales en presencia de sus discípulos, las cuales no están escritas en este libro.*
> *31 Pero éstas se han escrito para que creáis que Jesús es el Cristo, el Hijo de Dios, y para que creyendo, tengáis vida en su nombre.*

Recuerda: somos salvos por la gracia de Dios solamente. En Efesios 2:8-10 dice:

⁸ Porque por gracia sois salvos por medio de la fe; y esto no de vosotros, pues es don de Dios; 9 no por obras, para que nadie se gloríe. 10 Porque somos hechura suya, creados en Cristo Jesús para buenas obras, las cuales Dios preparó de antemano para que anduviésemos en ellas.

Y si me fuere y os preparare lugar, vendré otra vez, y os tomaré a mí mismo, para que donde yo estoy, vosotros también estéis. (Juan 14:3)

¿Quieres ser salvo y recibir el perdón de tus pecados hoy mismo? Arrepiéntete, confiesa tus pecados a Dios y acepta por la fe el sacrificio que Cristo Jesús, el Hijo de Dios hizo por ti. Así tendrás vida eterna en su nombre.

Juan 3:16 dice:

Porque de tal manera amó Dios al mundo, que ha dado a su Hijo unigénito, para que todo aquel que en él cree, no se pierda, mas tenga vida eterna.

Repite esta oración ahora:

Señor, Dios reconozco que he pecado contra ti, te pido perdón por todos mis pecados. Me arrepiento de haberme alejado de ti y haber escogido el mal. Pero, hoy quiero volver a ti, recíbeme en el nombre de tu Hijo Jesús quien murió por mí. Te abro mi corazón, entra y cámbiame. Renuévame con tu Espíritu

Santo, hazme una nueva criatura. Concédeme la vida eterna por el mérito de tu Hijo Jesucristo quien pagó el precio de mis pecados. Te confieso como mi único y suficiente Salvador. Escribe mi nombre en el libro de la Vida del Cordero. Lléname con tu Espíritu Santo y usa mi vida como un instrumento de tu paz. Todo esto te lo pido en el nombre de tu Hijo Jesús. Amén.

Aprovecha para confesar algún pecado o vicio específico con el cual estás batallando y estás dispuesto a renunciar ahora. Si quieres ser liberado, pide la ayuda del Señor y él te ayudará. Recuerda él es tu Padre y te ama.

Efesios 2:8-10

Capítulo 6

PARA SIEMPRE EN LA PRESENCIA DE DIOS
La resurrección, el rapto y la segunda venida de Cristo ¿cómo y cuándo regresará?

LA RESURRECCIÓN DEL MESÍAS

*Mas él les dijo: No os asustéis; **buscáis a Jesús nazareno, el que fue crucificado; ha resucitado, no está aquí; mirad el lugar en donde le pusieron.***
Marcos 16:6

La resurrección de los muertos es un tema muy importante y vital para la proclamación del Evangelio. El apóstol Pablo, quien fue uno de los proclamadores más fervientes en cuanto a este tema, declara que, si la resurrección de los muertos no fuera segura, entonces toda proclamación del Evangelio es vana y sin sentido. Pero, por cuanto la resurrección de los muertos es un evento seguro (como cualquier otra promesa hecha por el Señor) y sucederá cuando Cristo regrese, entonces vale la pena seguir creyendo y proclamando el Evangelio.

Desafortunadamente, muchos no creen que algo así pueda suceder. Muchos viven como si esta vida fuera la única que existe. Viven como si no fueran a morir y mueren como si no fueran a vivir. Es por eso que se aferran tanto a lo material y se afanan tanto por conseguir el éxito y la prosperidad aquí en la tierra, al hacer eso se pierden de lo más importante. Esa es también la razón del por qué es tan lucrativa la industria de la cosmetología y las cirugías plásticas. Hombres y mujeres gastan miles y millones de dólares anualmente porque no quieren envejecer ni quieren morir, aun cuando en este mundo hay mucho sufrimiento y dolor. Lo mas lamentable es reconocer que muchas de esas personas que se aferran a la vida y viven desapercibidas de la realidad de la resurrección y de la vida eterna, son creyentes o se consideran seguidores de Jesús. Pero, ¿qué importancia tiene si creemos en la resurrección o no? Su importancia radica en esto, de ello depende cómo viviremos el resto de nuestros días sobre la tierra. Veamos de manera breve algunos conceptos básicos sobre la resurrección y los beneficios que tiene para nosotros.

Estaba escrito que el Mesías resucitaría, Jesús resucitó (Isaías 53:10-11–Mateo 28:1-7)

Anteriormente, vimos a Jesús morir después de ser crucificado. Esto es algo que no le tomó por sorpresa, él sabía que tenía que suceder. Pero, era necesario que Jesús muriera, así como que resucitara. Él tiene todo el poder, es el dador de la vida. Podía poner su vida y podía volverla a tomar, es decir, resucitar. Varias veces habló de esto a sus discípulos para prepararlos:

Mateo 16:21

21 Desde entonces comenzó Jesús a declarar a sus discípulos que le era necesario ir a Jerusalén y padecer mucho de los ancianos, de los principales sacerdotes y de los escribas; y ser muerto, y resucitar al tercer día.

Mateo 17:22-23

²² Estando ellos en Galilea, Jesús les dijo: El Hijo del Hombre será entregado en manos de hombres,

²³ y le matarán; mas al tercer día resucitará. Y ellos se entristecieron en gran manera.

Mateo 20:18-19

¹⁷ Subiendo Jesús a Jerusalén, tomó a sus doce discípulos aparte en el camino, y les dijo:

¹⁸ He aquí subimos a Jerusalén, y el Hijo del Hombre será entregado a los principales sacerdotes y a los escribas, y le condenarán a muerte;

¹⁹ y le entregarán a los gentiles para que le escarnezcan, le azoten, y le crucifiquen; mas al tercer día resucitará.

Juan 10:17-18

¹⁷ Por eso me ama el Padre, porque yo pongo mi vida, para volverla a tomar.

¹⁸ Nadie me la quita, sino que yo de mí mismo la pongo. Tengo poder para ponerla, y tengo poder para volverla a tomar. Este mandamiento recibí de mi Padre.

Como puedes ver, nada de esto le tomó por sorpresa, Jesús sabía la voluntad del Padre y sabía a lo que había venido. Esto no debe llevarnos a pensar que por el hecho de que él es Dios y lo sabía todo no sufrió, por supuesto que Jesús sufrió, porque no solo era Dios, también era hombre. Ese es el misterio, que siendo Dios se hizo hombre, se hizo como uno de nosotros. Por lo tanto, Jesús experimentó dolor, fue quebrantado, Isaías [53] lo deja claro y el evangelio declara que mientras oraba en el Getsemaní su sudor era como grandes gotas de sangre debido a la gran agonía que experimentaba momentos antes de ir a la cruz (Lucas 22:44). Estaba escrito que el Mesías resucitaría al tercer día, ahora veamos qué paso.

La resurrección de Jesús

Mateo 28:1-7

[1] Pasado el día de reposo, al amanecer del primer día de la semana, vinieron María Magdalena y la otra María, a ver el sepulcro.

¿Por qué buscáis entre los muertos
al que vive?
Lucas 24:5b

[2] Y hubo un gran terremoto; porque un ángel del Señor, descendiendo del cielo y llegando, removió la piedra, y se sentó sobre ella.

[3] Su aspecto era como un relámpago, y su vestido blanco como la nieve.

[4] Y de miedo de él los guardas temblaron y se quedaron como muertos.

[5] Mas el ángel, respondiendo, dijo a las mujeres: No temáis vosotras; porque yo sé que buscáis a Jesús, el que fue crucificado.

[6] No está aquí, pues ha resucitado, como dijo. Venid, ved el lugar donde fue puesto el Señor.

⁷ E id pronto y decid a sus discípulos que ha resucitado de los muertos, y he aquí va delante de vosotros a Galilea; allí le veréis. He aquí, os lo he dicho.

No solo Jesús prometió resucitar, sino que también lo cumplió tal y como estaba escrito que al tercer día resucitaría. La tumba está vacía, no está aquí dijeron los ángeles a las mujeres que buscaban su cuerpo. Jesús fue el primero en resucitar de entre los muertos (1 Corintios 15:20), en dos aspectos: uno es, resucitar con un cuerpo glorificado para no morir más. Porque si bien muchos resucitaron antes que Jesús, como fue el caso de Lázaro (Juan 11), el hijo de una mujer viuda en Naín (Lucas 7:11-17), la hija de Jairo (Lucas 8:40-56), e incluso en el Antiguo Testamento hubo algunos casos de resurrección, todos ellos volvieron a morir, Jesús no. Y el segundo aspecto es que Jesús fue el único en resucitar por sí mismo, todos los demás casos de resurrección fueron efectuados por alguien más (ya sea un profeta, Jesús o un discípulo). A esto se refería Jesús cuando dijo: "tengo poder para poner mi vida y tengo poder para volverla a tomar". Él es el dador de la vida y tiene vida en sí mismo. La muerte no tiene ni tenía ningún poder sobre él, porque él nunca pecó. Esto es significativo, Jesús no murió como consecuencia de su pecado, sino que el Padre quiso entregarlo a la muerte para que nosotros pudiéramos vivir en él.

Nos llena de emoción y de gozo, no solo que Jesús resucitó, sino que también nos resucitará, así como resucitó él, y estaremos para siempre con él. En Juan 14:2-3, Jesús dijo:

² En la casa de mi Padre muchas moradas hay; si así no fuera, yo os lo hubiera dicho; voy, pues, a preparar lugar para vosotros.

3 Y *si me fuere y os preparare lugar, vendré otra vez,* y os tomaré a mí mismo, para que donde yo estoy, vosotros también estéis.

Cuando Jesús regrese otra vez, será para llevarnos a vivir con él. No sucederá antes ni después, sino hasta que vuelva otra vez. Esa es la esperanza que tenemos los hijos de Dios.

¿Qué es la resurrección?

Resucitar es volver a la vida. Levantarse de la muerte. Esta es la promesa más grande, el evento más importante, sorprendente y emocionante que los creyentes en Cristo estamos esperando que suceda en cualquier momento. Solo Dios puede prometer algo así, porque solo él lo puede cumplir.

Lee esto que Jesús dijo a sus discípulos después de resucitar según lo relata el evangelio de Lucas 24:45-48:

⁴⁵ *Entonces les abrió el entendimiento, para que comprendiesen las Escrituras;*
⁴⁶ *y les dijo: Así está escrito, y así fue necesario que el Cristo padeciese, y resucitase de los muertos al tercer día;*
⁴⁷ *y que se predicase en su nombre el arrepentimiento y*

el perdón de pecados en todas las naciones, comenzando desde Jerusalén.

48 Y vosotros sois testigos de estas cosas.

Ahora surge una pregunta importante:

¿Cómo estamos seguros de la resurrección de Jesús? o ¿Cómo nosotros podemos comprobarlo?

Pues bien quiero compartir lo que uno de los más grandes evangelistas dijo al respecto. Esto es lo que Billy Graham dijo de la resurrección de Jesús:

La resurrección. Si no tenemos la resurrección no tenemos ningún evangelio que predicar. Cristo Jesús está vivo. Y cuando fueron a la tumba aquella mañana, escucharon las más grandes noticias que el mundo había escuchado "No está aquí, él ha resucitado". Él está vivo hoy. Y lo que inspiró a los discípulos para poner al mundo de cabeza en sus días fue la resurrección. Fueron por todos lados declarando que Cristo Jesús está vivo. Algunos de nosotros como cristianos vivimos como si Jesús estuviera muerto. Él no está muerto, está vivo...

Sabes, si no tuviera ninguna prueba de ninguna índole, ninguna prueba científica de que Jesús un día vivió. Aun así, confiaría en él. Por lo que él ha hecho en mí, el gozo, la paz, la seguridad y el amor que me ha dado, su gracia que es mía ahora. Y luego la satisfacción que da a los que confían en él. ¿Quién eres Señor? ¿Cristo Jesús quién eres tú? ¿eres quien dices ser? Esta es la pregunta que cada uno de nosotros tenemos que responder hoy ¿Quién es Jesús? Si Jesús declaró ser Dios sabiendo que no era Dios, entonces es un mentiroso. Y le podremos decirle: Jesús eres un mentiroso y eres un fraude, y quien nos has enfrascado en uno de los más grandes fraudes en la historia de la humanidad. O, si Jesús dijo que era Dios y no sabía las evidencias, entonces necesitaría desesperadamente ayuda mental, y necesitaría la ayuda de muchos psiquiatras. La tercera alternativa es que él fue quien dijo ser: Dios encarnado. Creo que las evidencias que prueban que Jesús es quien dijo ser son sobrecogedoras: el Hijo de Dios viviente. Pero, no puedo probarlas científicamente. Pero, sí lo puedo probar por las vidas que él transforma cada día. Lo puedo probar porque en mi corazón, por la seguridad que hay en mi corazón. No digo yo pienso o espero, sino que digo yo sé. Otro elemento es, la fe. Aunque no pensamos mucho en la fe, pero todos tenemos fe y la usamos a diario. Cuando escribimos un cheque creemos que el banco lo va a pagar, cuando nos sentamos en una silla tenemos fe de que nos sostendrá y no nos caeremos. Todo lo que hacemos consiste en fe. Pues bien toma esa misma fe y ponla en Cristo Jesús como tu Señor y Salvador y tu sabrás quien es Jesús. Tú lo aceptas por la fe y entrará en tu vida y en tu corazón y sabrás que Jesús es quien dijo ser.

Una simple fe es lo que hará la diferencia en tu vida, es una decisión simple. No necesitas de una gran fe para descubrir la verdad de quién es Jesús. Solo ábrele tu corazón y déjalo entrar, y pronto descubrirás si él es o no quien dijo ser. El gozo será indescriptible. ¿Qué esperas?

Otra prueba de la resurrección son los testimonios de los discípulos de Jesús, cómo ellos eran testigos presenciales de estas cosas, no podían dejar de decir lo que habían visto y oído (Hechos 4:19-20). En Hechos 1:1-3, leemos lo que escribió Lucas:

> [1] *En el primer tratado, oh Teófilo, hablé acerca de todas las cosas que Jesús comenzó a hacer y a enseñar,*
> [2] *hasta el día en que fue recibido arriba, después de haber dado mandamientos por el Espíritu Santo a los apóstoles que había escogido;*
> [3] *a quienes también, después de haber padecido, se presentó vivo con muchas pruebas indubitables, apareciéndoseles durante cuarenta días y hablándoles acerca del reino de Dios.*

En 1 Corintios 15:3-8, el apóstol Pablo dijo:

> [3] *Porque primeramente os he enseñado lo que asimismo recibí: Que Cristo murió por nuestros pecados, conforme a las Escrituras;*
> [4] *y que fue sepultado, y que resucitó al tercer día, conforme a las Escrituras;*
> [5] *y que apareció a Cefas, y después a los doce.*
> [6] *Después apareció a más de quinientos hermanos a la vez, de los cuales muchos viven aún, y otros ya duermen.*

⁷ Después apareció a Jacobo; después a todos los apóstoles; ⁸ y al último de todos, como a un abortivo, me apareció a mí.

No fue una alucinación ni invento de los apóstoles, ellos vieron al Señor resucitado. Hay muchos pasajes más que revelan esta verdad. Pero, como dijo Billy Graham: "hace falta solamente aceptarlas por la fe para poder creerlas".

¿Cómo resucitaremos?

Nuestros cuerpos serán glorificados. Sufriremos una transformación. Nuestros cuerpos serán incorruptibles. ¿Te imaginas lo que eso significa? Significa que nuestros cuerpos no sufrirán enfermedad, dolor, ni muerte, eso es glorioso. Te invito a que leas el capítulo completo de 1 Corintios 15, aquí el apóstol Pablo nos da detalles importantes sobre la resurrección. Esto es lo que la Escritura dice sobre cómo serán nuestros cuerpos cuando resucitemos:

- Cuerpos inmortales
- Cuerpos glorificados
- Cuerpos fuertes
- Cuerpos espirituales

¿Para qué resucitaremos?

Para que Dios pueda cumplir todas sus promesas y disfrutemos de ellas estando siempre en su presencia. Porque ahora, aunque Dios nos ha dado vida nueva en Cristo cuando creímos en él, nuestros cuerpos siguen siendo afectados por el pecado. Aún sufrimos enfermedad, dolor y muerte. Pero, cuando Dios nos resucite, nuestros cuerpos serán glorificados, seremos todo aquello que Dios quiso que fuéramos antes de pecar contra él. Ya no habrá llanto ni dolor, ni enfermedad, ni muerte, etc. Apocalipsis 21:3-4, dice:

> [3] *Y oí una gran voz del cielo que decía: He aquí el tabernáculo de Dios con los hombres, y él morará con ellos; y ellos serán su pueblo, y Dios mismo estará con ellos como su Dios.* [4] *Enjugará Dios toda lágrima de los ojos de ellos; y ya no habrá muerte, ni habrá más llanto, ni clamor, ni dolor; porque las primeras cosas pasaron.*

Pablo en 1 Corintios 2:9, dijo:

...Cosas que ojo no vio, ni oído oyó, ni han subido en corazón de hombre, son las que Dios ha preparado para los que le aman.

Nos esperan grandes y preciosas promesas en la eternidad. Habrá grande emoción, gozo y contentamiento en el cielo, ahí quiero estar, ¿y tú?

Todos estos acontecimientos predichos y figurados miles de años antes de que sucedieran no pueden ser obra de la casualidad ni invento de un hombre. Solo pudo ser la obra maestra y perfecta del Dios que nos creó y Salvó. Esto y mucho más fue lo que Jesús el Mesías conquistó y cumplió en su primera venida. Demostrando con ello que es quien dijo ser: el Hijo de Dios, el Mesías prometido a Israel y quien redimiría a la humanidad. Gloria sea a su Santo Nombre. Pero, aun hay más, hay dos eventos importantísimos que están por suceder. Veamos cuáles son.

EL RAPTO DE LA IGLESIA Y LA RESURRECCIÓN DE LOS MUERTOS

Estos son los dos eventos importantes que están por suceder en cualquier momento: El rapto de la iglesia junto a la resurrección de los muertos, y la segunda venida de Cristo a la tierra. Son dos eventos separados. Primero sucede el rapto de la iglesia y la resurrección de los muertos en Cristo y luego regresa Cristo con sus santos a la tierra. Bien, si todo lo dicho anteriormente es cierto, entonces...

¿Cuándo resucitaremos?

> *Y si me fuere y os prepararé lugar, vendré otra vez, y os tomaré a mí mismo, para que donde yo estoy, vosotros también estéis.* (Juan 14:3)

En 1 Tesalonicenses 4:13-18, el apóstol Pablo escribió:

[13] Tampoco queremos, hermanos, que ignoréis acerca de los que duermen, para que no os entristezcáis como los otros que no tienen esperanza.

[14] *Porque si creemos que Jesús murió y resucitó, así también traerá Dios con Jesús a los que durmieron en él.*

[15] *Por lo cual os decimos esto en palabra del Señor: que*

nosotros que vivimos, que habremos quedado hasta la venida del Señor, no precederemos a los que durmieron.

¹⁶ Porque el Señor mismo con voz de mando, con voz de arcángel, y con trompeta de Dios, descenderá del cielo; y los muertos en Cristo resucitarán primero.

¹⁷ Luego nosotros los que vivimos, los que hayamos quedado, seremos arrebatados juntamente con ellos en las nubes para recibir al Señor en el aire, y así estaremos siempre con el Señor.

¹⁸ Por tanto, alentaos los unos a los otros con estas palabras.

Hay algo importante que debemos notar en el texto anterior, y es esto: el rapto es un evento exclusivo solo para creyentes (ya sea vivos o muertos). Jesús viene solo por los que creen en él y que le están esperando. No se llevará a nadie que no esté listo y que no quiera estar con él. Nadie entrará al cielo a la fuerza, solo entrarán aquellos que aceptaron a Jesús como Salvador y quieren estar con él por la eternidad. Así que, si tú no crees, ni lo estás esperando es muy probable que no irás al cielo. Pablo dice que cuando Jesús regrese, los muertos en Cristo resucitarán primero. Esto son los que murieron creyendo y esperando la segunda venida de Jesús. Aquellos que murieron sin creer ni esperar el regreso de Jesús no resucitarán sino hasta el día del juicio para ser juzgados (Apocalipsis 20:11-15). Así también los que estén vivos cuando Jesús regrese, pero no creen ni le están esperando, no van a ser arrebatados, se quedarán aquí y sufrirán las consecuencias de su incredulidad. La diferencia entre la fe y la incredulidad es esta, la fe te da esperanza, y la incredulidad te la quita.

Esto que diré a continuación lo digo con tristeza y dolor en mi corazón. Cualquier persona que muera sin Dios en su corazón, pasará la eternidad sin Dios. *Dios no recibirá a nadie en el cielo que no le haya querido recibir a él aquí en la tierra.* Muchos piensan equivocadamente que porque Dios es bueno los recibirá en el cielo cuando mueran. Eso no es así, eso no es lo que la Biblia dice. Muchos quieren vivir como quieren aquí en la tierra (ignorando a Dios siempre) y vivir como santos en el cielo. Eso no funciona así. Si no vives como santo aquí en la tierra, no vivirás como santo en el cielo.

En Lucas 19:10, Jesús dijo: *"Porque el Hijo del Hombre vino a buscar y a salvar lo que se había perdido". Así que, si estás perdido, Jesús te vino a buscar, pero necesitas dejarte salvar por él. Entonces serás salvo y podrás disfrutar de su comunión aquí en la tierra y cuando regrese disfrutaremos con él en el cielo por la eternidad.*

¿Sabes? En la vida solo existen dos caminos y dos maneras de vivir. Uno es el camino que conduce a la vida eterna (el camino angosto) y el otro camino conduce a la muerte eterna (el camino ancho). La pregunta importante que debes responder es ¿por cuál camino estás caminando? De tu respuesta depende el dónde pasarás la eternidad, con Dios o sin Dios. Si crees en Jesús como dijo Pablo en el texto anterior, una vez que Jesús

[34]David Jeremiah, Prólogo. The Book of Signs. W Publishing Group, Nashville, Tennessee. 2019.

aparezca en las nubes estaremos siempre con el Señor. Dios glorioso será ese día. La puerta aún está abierta, entra y serás salvo.

LA SEGUNDA VENIDA EN GLORIA DEL MESÍAS

...Este mismo Jesús, que ha sido tomado de vosotros al cielo, así vendrá como le habéis visto ir al cielo. (Hechos 1:11b)

El tema de la segunda venida de Cristo es muy debatido y controversial como suelen ser algunos de los temas importantes de las Escrituras. Muchos no creen, otros se burlan y rechazan la posibilidad de este evento. Sea que creas o no, quiero compartir contigo algunos pasajes bíblicos concernientes al tema. Y te invito a que consideres, si tiene sentido o no lo que las Escrituras dicen. Debo aclarar que no diré todo lo que la Biblia enseña sobre el tema puesto que es muy amplio. De hecho, el Dr. David Jeremiah en su libro The Book of Signs (El libro de las Señales), dice que: "Hay más de mil ochocientas profecías en la Palabra de Dios concernientes a la primera y segunda venida de Cristo Jesús solamente". Imagínate más de mil ochocientas profecías, no se puede hablar de ellas en cinco o diez páginas, así que hablare de lo más básico aquí. Si deseas saber más, te invito a que consultes otros libros que analizan a profundidad las profecías sobre la segunda venida de Cristo.

Esto es lo que consideraremos aquí de la segunda venida de Cristo.:

1. ¿Cuándo regresará Cristo?
2. ¿Cómo será la segunda venida de Cristo?
3. ¿Qué señal habrá de su segunda venida?
4. La insensatez de los que se burlan de su advenimiento.
5. Cómo nos preparamos para recibir a Cristo en su regreso.

¿Cuándo regresará Cristo?

Como Cristo prometió regresar, surge una pregunta importante ¿Cuándo regresará? Es la pregunta más lógica y correcta que cualquiera le pudiera hacer y no somos ni los únicos ni los primeros en preguntársela. ¿Quieres saber la respuesta? Te tengo buenas noticias, estás a punto de saberlo porque aquí te lo diré. ¿Estás listo? La respuesta es *nadie sabe el día ni la hora en que Cristo regresará.* Todos quisiéramos saber la respuesta con exactitud: Año, mes, día y hora. Pero, nadie en esta tierra nos puede dar la respuesta del día en que Cristo regresará porque nadie sabe, ni puede saber. Así que por favor no te dejes engañar cuando escuches decir que saben el día que Jesús regresará, es mentira. Jesús dijo *nadie sabe,* ni aun los ángeles de Dios en el cielo, sino solamente el Padre. Para contestar esta pregunta no se requiere de mucha explicación, basta y es suficiente con lo que Cristo dijo; veamos estos dos pasajes bíblicos Mateo 24:36 y Hechos 1:6-8.

Mateo 24:36, dice:

Pero del día y la hora nadie sabe, ni aun los ángeles de los cielos, sino sólo mi Padre.

Hechos 1:6-8, dice:

⁶ Entonces los que se habían reunido le preguntaron, diciendo: Señor, ¿restaurarás el reino a Israel en este tiempo?

⁷ Y les dijo: No os toca a vosotros saber los tiempos o las sazones, que el Padre puso en su sola potestad;

⁸ pero recibiréis poder, cuando haya venido sobre vosotros el Espíritu Santo, y me seréis testigos en Jerusalén, en toda Judea, en Samaria, y hasta lo último de la tierra.

Entonces los discípulos querían saber cuándo Jesús iba a regresar y si sería pronto. Estas fueron sus respuestas, nadie sabe y no les toca a vosotros saber cuándo exactamente regresaré. En otras palabras, no se preocupen por eso ustedes, les baste saber que regresaré. Crean en mi palabra. Por otro lado, ocúpense más bien en ser mis testigos, eso es lo que les debe importar. Además, contarán con la ayuda del Consolador el Espíritu Santo, el Espíritu de Verdad, el cual mi Padre les enviará en mi nombre (Juan 15:26), entonces recibirán poder y podrán testificar de mí. Aunque esta respuesta de Jesús para muchos resulte simplista o insuficiente, no lo es. Debemos conformarnos con las cosas que Dios nos ha permitido saber, las que se ha reservado para sí, debemos estar tranquilos que él sabe lo que hace y por qué lo prefirió así (Deuteronomio 29:29).

¿Como será la venida de Cristo?

- *Como ladrón en la noche* (2 Pedro 3:10a; Mateo 24:48-50).

Cuando Cristo regrese a muchos tomará por sorpresa, pero no porque nos quiere tomar por sorpresa, sino que será sorpresa para aquellos no quisieron prepararse. Recuerde solo tomará de sorpresa a los que no están preparados ni lo están esperando. Los que le esperamos estamos listos a la hora que el venga. Cuando él toque y llame, estamos listos para responder como las vírgenes prudentes (Mateo 25:1-13).

- *Como un relámpago* (Mateo 24:27).

Esto quiere decir que será notorio a todos, cuando Jesús regrese a la tierra. Así como el relámpago que sale del oriente y se muestra hasta el occidente, todos lo podrán ver. Así será la venida del Hijo del Hombre. Solo en el rapto será un evento secreto, solo para creyentes, pero en la segunda venida, le verá todo el mundo (Apocalipsis 1:7).

Hechos 1:10-11, dice:

[10] Y estando ellos con los ojos puestos en el cielo, entre tanto que él se iba, he aquí se pusieron junto a ellos dos varones con vestiduras blancas,

[11] los cuales también les dijeron: Varones galileos, ¿por qué estáis mirando al cielo? Este mismo Jesús, que ha sido tomado de vosotros al cielo, así vendrá como le habéis visto ir al cielo.

Esto quiere decir dos cosas: una es que Jesús regresará físicamente (así vendrá como le habéis visto ir) y que será visible a todos los que estén presentes o vivos cuando regrese.

- **Como en los días de Noé** (Mateo 24:37-41).

Esto da a entender dos cosas:

Una es que la gente estará distraída y afanada haciendo su vida, olvidados de Dios. Así como vivía la gente en los días de Noé. Él le predicó a su generación y nadie le creyó. Así muchos no creen, aunque se está predicando la venida de Jesús, el día del juicio y la condenación de los impíos.

La segunda es que, así como en el tiempo que vivió Noé había mucha maldad en los hombres de esa generación, por lo tanto, el juicio de Dios caerá porque es inevitable y justo. Esta es una señal, había mucha maldad entonces, habrá mucha maldad en la tierra cuando Cristo regrese. La maldad era insoportable en los días de Noé, no se podía vivir, cada quien hacía lo que quería y su pensamiento era de continuo solamente el mal (Génesis 6:5). ¿Será que estamos cerca de alcanzar ese grado de maldad? Solo observa a tu alrededor y te darás cuenta.

Amigo, amiga, ¿acaso estamos lejos de la segunda venida de Cristo y que desciendan los juicios de Dios? ¿Acaso no estamos llegando al límite y a la misma medida y condición de aquellos días? ¿Acaso no hay gran pecado hoy en toda la tierra? Jesús regresará pronto a la tierra. Por lo tanto, prepárate, metete al Arca (Jesús). Porque una de dos: te vas o te quedas. Te salvas o te pierdes. Crees o no crees, no hay más.

¿Qué señal habrá de su segunda venida?

Aunque nosotros consideramos importante saber el día en que Jesús regresará, para Dios no lo es, si lo fuera, entonces nos lo habría dicho. Lo que sí es importante es que estemos preparados para cuando él regrese. Nos dio instrucciones claras y específicas en su Palabra sobre cómo debemos vivir para estar listos cuando llegue ese día. No, nos dejó a ciegas en esto, tenemos muchas referencias y señales que nos sirven para estar preparados y que no nos tome por sorpresa su regreso.

Acompáñame a ver algunos de estos detalles. En Mateo 24:1-8

> [1] Cuando Jesús salió del templo y se iba, se acercaron sus discípulos para mostrarle los edificios del templo. [2] Respondiendo él, les dijo: ¿Veis todo esto? De cierto os digo, que no quedará aquí piedra sobre piedra, que no sea derribada. [3] Y estando él sentado en el monte de los Olivos, los discípulos se le acercaron aparte, diciendo: Dinos, *¿cuándo serán estas cosas, y qué señal habrá de tu venida, y del fin del siglo?* [4] Respondiendo Jesús, les dijo: Mirad que nadie os engañe.
>
> [5] Porque vendrán muchos en mi nombre, diciendo: Yo soy el Cristo; y a muchos engañarán. [6] Y oiréis de guerras y rumores de guerras; mirad que no os turbéis, porque es

necesario que todo esto acontezca; pero aún no es el fin. [7] Porque se levantará nación contra nación, y reino contra reino; y habrá pestes, y hambres, y terremotos en diferentes lugares. [8] Y todo esto será principio de dolores.[9]

Los discípulos le preguntaron a Jesús directamente y esta fue su repuesta:

1. No debemos dejarnos engañar (v. 4)

Vendrán muchos falsos profetas y falsos Cristos (v. 5, 11, 24)

2. Habrá rumores de guerras (v. 6-7)

3. Es solo el principio del sufrimiento antes fin (v. 8)

Habrá gran sufrimiento (v. 19-22)

4. Habrá un gran rechazo y hostilidad contra los creyentes (v. 9-10)

Muchos tropezarán en su fe (v. 10, 12)

5. El Evangelio va a ser predicado en todo el mundo (v. 14)

6. Habrá señales en el cielo y en la tierra (Mt 24:29; Lucas 21:25)

En la tierra, el mar, el sol, la luna y las estrellas.

La esperanza bienaventurada

Tenemos esperanza, la segunda venida de Cristo es la esperanza bienaventurada que tenemos los hijos de Dios. Tito 2:11-14, dice:

[11] Porque la gracia de Dios se ha manifestado para salvación a todos los hombres,

[12] enseñándonos que, renunciando a la impiedad y a los deseos mundanos, vivamos en este siglo sobria, justa y piadosamente,

¹³ aguardando la esperanza bienaventurada y la manifestación gloriosa de nuestro gran Dios y Salvador Jesucristo,

¹⁴ quien se dio a sí mismo por nosotros para redimirnos de toda iniquidad y purificar para sí un pueblo propio, celoso de buenas obras.

1 Tesalonicenses 4:17:

Luego nosotros los que vivimos, los que hayamos quedado, seremos arrebatados juntamente con ellos en las nubes para recibir al Señor en el aire, y así estaremos siempre con el Señor.

Esta es una de las tantas promesas maravillosas que Dios nos ha dado. Prometió regresar por nosotros y le estamos esperando. Una vez que venga estaremos para siempre con él.

La insensatez de los que se burlan de la venida de Cristo

Jesús viene para cumplir su promesa a aquellos que le esperamos. Muchos se burlan de nosotros los cristianos, porque hablamos de cosas que no hemos visto aún, pero las creemos porque son promesas de Dios y están escritas en Su Palabra. Los que se burlan un día quedarán asombrados cuando el Señor regrese por nosotros. Esta es la seguridad que tenemos los que creemos, y nos gloriamos en esa esperanza. Apocalipsis 1:7, dice: *"He aquí que viene con las nubes, y todo ojo le verá, y los que le traspasaron; y todos los linajes de la tierra harán lamentación por él. Sí, amén"*.

Quiero que prestes atención a esto. A Dios nada le toma por sorpresa, ni siquiera la incredulidad de los hombres. Muchos que son insensatos se burlan de las profecías bíblicas y del advenimiento de Cristo a la tierra. Pero, 2 Pedro 3:1-13, dice:

[1] Amados, esta es la segunda carta que os escribo, y en ambas despierto con exhortación vuestro limpio entendimiento, [2] para que tengáis memoria de las palabras que antes han sido dichas por los santos profetas, y del mandamiento del Señor y Salvador dado por vuestros apóstoles; [3] sabiendo primero esto, que en los postreros días vendrán burladores, andando según sus propias concupiscencias, [4] y diciendo: ¿Dónde está la promesa de su advenimiento? Porque desde el día en que los padres durmieron, todas las cosas permanecen así como desde el principio de la creación. [5] Estos ignoran voluntariamente, que en el tiempo antiguo fueron hechos por la palabra de Dios los cielos, y también la tierra, que proviene del agua y por el agua subsiste, [6] por lo cual el mundo de entonces pereció anegado en agua; [7] pero los cielos y la tierra que existen ahora, están reservados por la misma palabra, guardados para el fuego en el día del juicio y de la perdición de los hombres impíos. [8] Mas, oh amados, no ignoréis esto: que para con el Señor un día es como mil años, y mil años como un día. [9] El Señor no retarda su

promesa, según algunos la tienen por tardanza, sino que es paciente para con nosotros, no queriendo que ninguno perezca, sino que todos procedan al arrepentimiento. [10] Pero el día del Señor vendrá como ladrón en la noche; en el cual los cielos pasarán con grande estruendo, y los elementos ardiendo serán deshechos, y la tierra y las obras que en ella hay serán quemadas. [11] Puesto que todas estas cosas han de ser deshechas, ¡cómo no debéis vosotros andar en santa y piadosa manera de vivir, [12] esperando y apresurándoos para la venida del día de Dios, en el cual los cielos, encendiéndose, serán deshechos, y los elementos, siendo quemados, se fundirán! [13] Pero nosotros esperamos, según sus promesas, cielos nuevos y tierra nueva, en los cuales mora la justicia.

¿Estás esperando a Jesús o eres de los que se burlan? Si aún eres de los que se burlan de las promesas de Dios te invito a reflexionar en estas preguntas: ¿En verdad tienes idea de lo que significa pasar una eternidad en el infierno? ¿Tienes idea de lo que será vivir por la eternidad separado de Dios, sin tener ninguna oportunidad de cambiar tu destino y condición? ¿Qué si lo que está escrito en la Biblia es verdad y tú estás equivocado? ¿Estás dispuesto a correr el riesgo de perderte para siempre? La Biblia claramente enseña que es por la misericordia de Dios que no hemos sido consumidos, que es por su grande y compasivo amor que todavía él no ha regresado y por eso está deteniendo su justo juicio sobre los moradores de la tierra. Porque él no quiere que ninguno perezca, sino que todos procedan al arrepentimiento. Esta es la razón del por qué todavía Cristo no ha regresado como lo prometió. Entonces en vez de burlarte de que todavía Cristo no ha regresado, deberíamos tener una actitud humilde para agradecerle y arrepentirnos de toda nuestra maldad, si quizás no es demasiado tarde. Pero, si aún persiste alguno en no creer les espera juicio y condenación eterna. No mejorarán las cosas para aquellos que rechazan una y otra vez la paciencia y la gracia de Dios. Será todo lo contrario, las cosas irán de mal en peor, lo más lamentable es que una vez estando en el infierno de fuego no habrá salida. Por favor presta mucha atención a las palabras que dijo Blaise Pascal:

"Prefiero equivocarme creyendo en un Dios que no existe, que equivocarme no creyendo en un Dios que existe. Porque si después no hay nada, evidentemente nunca lo sabré, cuando me hunda en la nada eterna; pero si hay algo, si hay Alguien, tendré que dar cuenta de mi actitud de rechazo". [35]

Imagínate qué terrible será despertar del otro lado de la eternidad solo para darte cuenta de que todo lo que la Biblia dice es cierto. Jesús describió el infierno como lugar de tormento (Mateo 5:22; 9:44; 18:9; 2 Tesalonicenses 1:8; Apocalipsis 20:15, etc.). Una vez estando ahí nadie podrá salir y no habrá ninguna esperanza.

Hebreos 9:28, dice: "Así también Cristo fue ofrecido una sola vez para llevar los pecados de muchos; y *aparecerá por segunda vez, sin relación con el pecado, para salvar a los que le esperan".*

Jesús viene para salvar a los que le esperan, es claro. Solo a los que le esperan. Cuando Jesús regrese otra vez a la tierra, vendrá a juzgar a los pecadores. Vendrá para destruir la tierra y para juzgar a sus enemigos. En verdad no quisieras ser enemigo de Dios y enfrentar su juicio.

¿Cómo nos preparamos para recibir a Cristo en su regreso?

El Nuevo Testamento está lleno de enseñanzas que nos ayudan y nos exhortan a estar preparados para cuando Cristo regrese. Debemos tener expectativa, de esa manera no nos tomará desprevenidos.

Prepárate para este encuentro:

1.   *Entrégale tu corazón a Dios ahora.*

No postergues más esta decisión tan importante. Mañana puede ser demasiado tarde. En el capítulo anterior hablé de cómo puedes ser salvo. Solo reconoce que has pecado contra Dios, arrepiéntete y pide perdón en el nombre de Jesús, y él te salvará.

2.   *Búscale cada día de ahora en adelante.*

[35]https://es.wikiquote.org/wiki/Blaise_Pascal

Tito 2:12 dice: enseñándonos que, *renunciando a la impiedad y a los deseos mundanos, vivamos en este siglo sobria, justa y piadosamente.*

Así es como un hijo/a de Dios debe vivir. Renunciemos a la impiedad y a los malos deseos y vivamos sobria, justa y piadosamente, día a día. Jesús nos ayudará para llegar hasta el fin, solo confía. Filipenses 1:6 dice: "Estando persuadido de esto, que el que comenzó en vosotros la buena obra, la perfeccionará hasta el día de Jesucristo".

Nota: En la parte del Apéndice al final de este libro te doy algunos consejos y sugerencias importantes que te ayudarán en tu caminar con el Señor. Lee el Apéndice.

3.   *Mantente despierto, vigilante y a la expectativa de su pronto regreso.*

Mantente velando y orando como Jesús nos mandó:

Mateo 24:42

Velad, pues, porque no sabéis a qué hora ha de venir vuestro Señor.

Mateo 25:13

Velad, pues, porque no sabéis el día ni la hora en que el Hijo del Hombre ha de venir.

Mateo 26:41

Velad y orad, para que no entréis en tentación; el espíritu a la verdad está dispuesto, pero la carne es débil.

1 Pedro 4:7 (NBV)

Ya se acerca el fin de todas las cosas. Por tanto, sean serios y responsables en la oración.

1 Tesalonicenses 5:4-6

⁴ Mas vosotros, hermanos, no estáis en tinieblas, para que aquel día os sorprenda como ladrón. ⁵ Porque todos vosotros sois hijos de luz e hijos del día; no somos de la noche ni de las tinieblas. ⁶ Por tanto, no durmamos como los demás, sino velemos y seamos sobrios.

Jesús viene pronto, espéralo.

Y el Espíritu y la esposa dicen: Ven. Y el que oye, diga: Ven. Y el que tiene sed, venga: y el que quiera, tome del agua de la vida gratuitamente. (Apocalipsis 22:17)

Capítulo 7
HOMBRES QUE EXPERIMENTARON LA PRESENCIA DE DIOS

Ejemplos bíblicos de personas reales que podemos seguir¿cómo y cuándo regresará?

Quiero que veamos algunos ejemplos de personas reales, como usted y como yo. Hombres que vivieron muchos años antes que nosotros, pero que enfrentaron dificultades y problemas muy similares a los nuestros. Algunos de ellos, como el caso de Abraham, Moisés, David, etc., vivieron antes de la venida del Mesías y aun así pudieron disfrutar de una relación personal y cercana con Dios. Fueron conscientes de su presencia. Ahora surge una pregunta importante: ¿Cómo pudo ser esto, puesto que Cristo aún no había venido? La respuesta también es importante y es esta: todos somos salvos por fe. Es decir, tanto las persona que vivieron antes de la primera venida de Cristo a la tierra, como nosotros, somos salvos por la fe en Dios. En otras palabras, ellos al igual que nosotros creyeron en Dios como su redentor. Cristo aún no nacía, pero recibieron la promesa antes de que sucediera y ellos creyeron en Dios, quien les daba la promesa y fueron justificados por la fe al igual que nosotros. Esto no quiere decir que fueron salvos sin Cristo, sino que fueron salvos creyendo en Cristo antes de que viniera, esa era la promesa que Dios les había dado, que lo enviaría. Hebreos 11:6 dice: "Pero sin fe es imposible agradar a Dios; porque es necesario que el que se acerca a Dios crea que le hay, y que es galardonador de los que le buscan". Es importantísimo este texto, porque aplica tanto en el pasado como ahora, así como para el futuro (Antiguo y Nuevo Testamento). Es claro, la Palabra dice: "sin fe es imposible agradar a Dios". Nadie puede agradar a Dios por sus obras (no lo impresionamos con lo que hacemos), lo impresionamos cuando creemos, aunque no le hemos visto. Maravilloso, ¿no crees?

Veremos entonces lo que significó la presencia de Dios en la vida de ellos. Estos ejemplos bíblicos, de los cuales hablaré, son personajes históricos; con esto quiero decir que son comprobables sus historias, la historia atestigua que existieron. No son personas mitológicas, ni son leyendas. Son personas de las cuales la historia secular confirma y comprueba su existencia. Por lo tanto, sus historias, aunque sean antiguas, son tan reales y verdaderas como lo somos nosotros ahora. Lo más importante de lo que hablaré, acerca del Nuevo Testamento, es de la promesa que Jesús hace a sus discípulos de estar siempre con nosotros y solo abordaré brevemente la historia de dos de sus discípulos. Veamos ahora varios ejemplos y dejémonos inspirar por estos hombres de Dios que pudieron soportar la prueba que vino a sus vidas, gracias a que confiaron en la promesa de Dios.

Adán y Eva, el primer hombre y mujer que Dios creó (Génesis 1–5)

Adán significa "hombre" o "humanidad" Eva significa "aquella que da vida". Adán vivió 930 años, no se sabe cuántos años vivió Eva. Adán y Eva fueron la primera pareja sobre la tierra. Dios creó los cielos y la tierra, el mar, las estrellas, las plantas, los animales, etc. Después, creó a Adán y a Eva a su imagen, como está escrito. Cuando Adán abrió los ojos por primera vez, después de que Dios sopló aliento de vida en sus narices (Génesis 2:7), lo primero que vio fue a Dios. Sabemos que antes de la caída en el pecado Adán y Eva tenían una comunicación íntima y directa con Dios. Ellos podían hablar con él y él hablaba con ellos. Esta comunicación se puede ver claramente en los dos primeros dos capítulos del libro de Génesis. En Génesis 1:28: *"Y los bendijo Dios y les dijo..."*. En Génesis 1:29: *"y dijo Dios..."*. En Génesis 2:15: *"Tomó, pues, Jehová Dios al hombre..."* En Génesis 2:16: *"Y mandó Jehová Dios al hombre..."* En Génesis 2:19-20: *"Jehová Dios formó, pues, de la tierra toda bestia del campo, y toda ave de los cielos, y las trajo a Adán para que viese como las había de llamar; y todo lo que Adán llamó a los animales vivientes, ese es su nombre. Y puso Adán nombre a toda bestia y ave de los cielos y a todo ganado del campo; mas para Adán no se halló ayuda idónea para él..."*. Imagínese cuánto tiempo le tomaría a Adán terminar de dar nombre a todos los animales. Una vez que Adán termina su tarea se da cuenta de que todos tienen sus parejas (macho y hembra) pero él no, ahora se da cuenta que algo le falta, no tiene a su pareja. ¿Se quedaría usted callado? Por supuesto que no. Como le diría Adán a Dios: "Señor, Dios, Padre, disculpe, pero he notado que hace falta algo, todos los animales tienen pareja y están completos y creo que falta una pareja para mí..."

Casi en cada uno de los textos vemos a Dios y Adán interactuar, aunque no se escuchan las palabras de Adán en respuesta hacia Dios. Pero es obvio que Dios no hablaba solo, hablaba con Adán. Había comunicación entre ellos. ¡Qué privilegio tuvieron Adán y Eva!, son los únicos que han podido ver a Dios cara a cara, tal como Él es. Por supuesto que esto fue antes de cometer pecado. Adán y Eva, como ningún otro ser humano, pudieron de experimentar la presencia de Dios en sus vidas.

Enoc, un hombre que caminó en intimidad con Dios (Génesis 5:18-24)

Enoc significa "dedicado". Enoc vivió 365 años. Aunque es muy poco lo que de este hombre de Dios se sabe, a pesar de haber vivido una vida relativamente corta en comparación con sus contemporáneos. Fue un hombre que hizo la diferencia en su generación. ¿Cuál fue su secreto? Su fe. Creyó en Dios y se mantuvo firme aun cuando muchos de sus contemporáneos no. Hebreos 11:5-6 dice: "Por la fe Enoc fue traspuesto para no ver muerte, y no fue hallado, porque lo traspuso Dios; y antes que fuese traspuesto, *tuvo testimonio de haber agradado a Dios*. Pero sin fe es imposible agradar a Dios; porque es necesario que el que se acerca a Dios crea que le hay, y que es galardonador de los que le buscan". Como ves, su secretó fue su fe, decidió buscar a Dios y agradar a Dios, y Dios lo honró. Enoc vivió en íntima relación con Dios. Se dice de Enoc, en Génesis 5:24: "Caminó, pues, Enoc con Dios, y desapareció, porque le llevó Dios". Enoc, junto con Elías, son los únicos dos hombres que han vivido sobre la Tierra y que no han muerto. Ambos fueron llevados por Dios al cielo vivos. ¿Cuál fue la razón? Obviamente solo Dios la conoce, pero sabemos por las Escrituras que fue la forma en que vivieron sus vidas delante de Él. Fueron hombres que amaron a Dios y mantuvieron una relación íntima y estrecha con su creador. Ojalá y de cada uno de nosotros pueda decir lo mismo un día. "Caminó con Dios y desapareció, porque le llevó Dios". ¿Es eso posible? ¡Claro que sí! Solo tenemos que morir al ego, al yo. Es necesario permitirle a Dios vivir en nosotros para que, al igual que Enoc, podamos un día desaparecer e ir a morar con Dios por la eternidad. Como dijo Juan el Bautista: "Es necesario que él (Jesús en mí) crezca, pero que yo mengüe" (Juan 2:30). Que así sea.

Abraham, el padre de la fe (Génesis 11:27 – 25:11)

Abraham significa "padre de multitudes". Abraham vivió 175 años. El libro de Génesis se puede dividir en dos partes. La primera abarca de los capítulos 1 al 11:26, esta sección comprende desde la historia de la creación hasta la Torre de Babel. La segunda división es todo el resto del libro desde el capítulo 11:27 hasta el capítulo 50. Esta sección narra la historia de la familia de un hombre llamado Abraham a quien se conoce como el padre de la fe. Abraham vivía en una ciudad idólatra, llamada Ur de los caldeos, al sur de Mesopotamia, era un hombre como cualquier otro en su generación. Vivía sin Dios, sin esperanza y sin un propósito que fuera más allá de una vida terrenal y pasajera. Pero un día tuvo un encuentro con Dios y Dios le habló. Desde entonces la vida de Abraham cambió, a los setenta y cinco años de edad Dios le había dado una promesa doble, que incluía: tierra y descendencia. Aunque

Abraham no conocía mucho o nada de este Dios (extraño hasta ahora) el cual le había hablado, él creyó y obedeció. Ahora tenía un propósito definido y un destino seguro, no por haberlo buscado él mismo, sino por el Dios quien lo había escogido. Su vida cambió drásticamente, ahora tenía una promesa y esa promesa le dio esperanza y razón de vivir. Abraham sabe que su futuro será glorioso. No porque él sea bueno, ni tampoco porque se lo merezca, sino porque Dios en su misericordia se lo prometió. Por este acto de fe y obediencia, a un Dios desconocido hasta entonces, es que Abraham es considerado el padre de la fe (un título bien merecido). Génesis 12:1 dice: *"Pero Jehová había dicho a Abraham: vete de tu tierra y de tu parentela, y de la casa de tu padre, a la tierra que te mostrare".* Y Génesis 12:4a: *"...y se fue Abraham, como Jehová le dijo..."*

Desde que Abraham salió para seguir a un Dios desconocido, su vida no fue fácil, pero fue la mejor vida. Una vida de aventura, de aprendizaje, de descubrimientos, de experiencias, de caminar por fe, sin duda una vida que vale la pena vivir. Conforme los años iban transcurriendo Abraham iba creciendo en esa fe y en el conocimiento de Dios, hasta convertirse en un gigante en la fe. Para cuando Dios le pidió que le sacrificara a su único hijo, Abraham confiaba plenamente en Dios. No había nada que Dios le pidiera que Abraham no estuviera dispuesto a obedecer. Confiaba en que Dios sabía lo que hacía. ¡Oh, qué preciosa confianza es esa!

Génesis 24 relata la historia de cuando Abraham mandó a buscar esposa para su hijo Isaac. Envió a su criado a

Mesopotamia con sus parientes con la misión de traer de allá a la mujer que sería la esposa de Isaac. Cuando el criado llegó a Mesopotamia les declaró la razón y el motivo de su viaje y del juramento con el cual Abraham, su señor, le había juramentado. Pero antes de salir, el criado de Abraham, en su misión tenía sus reservas, una era que tal vez la mujer no querría venir con él, pues era lógico. Cómo iba a viajar una doncella con un hombre desconocido, solo porque dice que hay un joven esperándola para casarse con ella. Pero Abraham respondió: *"Jehová, en cuya presencia he andado,* enviará su ángel contigo, y prosperará tu camino..."* (Génesis 24:40). ¡Oh, qué fe y qué confianza la de Abraham!

Abraham caminó en comunión con Dios por los últimos 100 años de su vida. Experimentó la presencia de Dios en los momentos más críticos de su peregrinar por la Tierra. En Génesis 15:1, Dios le dijo: *"No temas, Abraham; yo soy tu escudo, y tu galardón será sobremanera grande".* Abraham supo que Dios lo cuidaba aun con todo y sus errores y desaciertos. Cuando Abimelec, Rey de Gerar, quiso tomar a Sara por mujer, Dios reprendió a Abimelec en sueños,diciéndole que era hombre muerto por lo que había hecho (Génesis 20:1-18). Abimelec mismo confesó a Abraham tiempo después *"...Dios está contigo, en todo cuanto haces"* (Génesis 21:22c). *En cada episodio de su vida Abraham pudo ver la mano y la presencia de Dios.* Personalmente creo que, después de Adán, Abraham es el hombre que más tuvo comunión con Dios. Y tú, ¿estás experimentando una comunión íntima con Dios? ¿Está Él obrando maravillas en tu vida?

José, un joven soñador (Génesis 37–50)

José significa "añadirá" o "Dios dará". José vivió 110 años. La vida de José es ejemplar en muchos sentidos y por muchas razones es una de las historias más grandes del Antiguo Testamento. A través de su experiencia y aún siendo un joven, nos enseña grandes lecciones, como ningún otro personaje en la Biblia, excepto, claro, la vida de nuestro Señor Jesucristo. José fue el onceavo hijo de Jacob y su madre fue Raquel. José fue bisnieto de Abraham. Su historia comienza así en Génesis 37:3-4:

> ³ Y amaba Israel a José más que a todos sus hijos, porque lo había tenido en su vejez; y le hizo una túnica de diversos colores.
> ⁴ Y viendo sus hermanos que su padre lo amaba más que a todos sus hermanos, le aborrecían, y no podían hablarle pacíficamente.

A los diecisiete años, José se ganó el odio de sus hermanos solo porque su padre lo amaba más que a ellos. Pero, no era solo eso, José era un joven que amaba y temía a Dios. Y Dios le empezó a hablar a través de sueños. Esto sirvió para que le aborrecieran aún más y le tuvieran envidia. Las cosas no pintaban nada bien para José, era amado por su padre, pero aborrecido por sus hermanos. Un día, mientras visitaba a sus hermanos en el campo, ellos planearon matarle. Rubén, su hermano mayor, lo libró de que lo mataran y acordaron mejor venderlo como esclavo a unos mercaderes que iban para

Egipto. Así que en un instante la vida de José cambió, pasó de ser el hijo más amado de su padre a un esclavo en una tierra extranjera. Génesis 39:1-2, dice:

> [1] *Llevado, pues, José a Egipto, Potifar oficial de Faraón, capitán de la guardia, varón egipcio, lo compró de los ismaelitas que lo habían llevado allá.*
> [2] *Mas Jehová estaba con José, y fue varón próspero; y estaba en la casa de su amo el egipcio.*

Qué bueno es saber que Dios está contigo sin importar las circunstancias en tu vida. Dios lo hizo prosperar en casa de su amo, pero nuevamente malos ojos se fijaron en él, como suele suceder. Ahora fue la mujer de su amo quien se enamoró de José y quien le insistía que tuviera relaciones sexuales con ella. ¿Cómo pudo José resistir la tentación y el ofrecimiento de una mujer hermosa? ¿Qué lo hizo salir huyendo ante la tentación? ¿A quién le temía? ¿A la cárcel, a la muerte, a Potifar, a Faraón, o su padre? No, José no temía nada de eso; ni a su padre, ni el Faraón, ni su amo estaban presentes y es muy probable que ninguno de ellos se hubiera dado cuenta de sus actos. Era algo más lo que lo mantuvo alejado de la mujer ajena y por lo cual José no pecó. José era consciente de la presencia de Dios en su vida, eso es lo que lo sostuvo en el día de la prueba. Ante la insistencia de la mujer, José respondió: "¿cómo, pues, haría yo este grande mal, y pecaría contra Dios?". Me encanta la respuesta de José, era un hombre de principios, de moral. José reconocía que tener la mujer de alguien más es adulterio y es un gran mal, es pecar contra Dios. Oh, cuánta falta hace en nuestros días hombres y mujeres, jóvenes, adultos y ancianos que tengan moral y temor de Dios, que a lo malo le llamen pecado y aborrezcan hacer lo incorrecto. Pero ¿dónde estaba Dios, quién podía verlo? José sabía que él no podía ver a Dios, pero sabía que Dios sí lo veía a él, esa era su convicción, esa era su creencia. Era consciente de la omnipresencia de Dios. Por si fuera poco, su sufrimiento después de esta experiencia, José fue puesto en la cárcel por la falsa acusación de una mujer perversa y sin escrúpulos. Pero José no estaba solo ni desamparado como muchos hubieran podido pensar. Otra vez la palabra dice en Génesis 39:21: *"Pero Jehová estaba con José y le extendió su misericordia, y le dio gracia en los ojos del jefe de la cárcel".*

José nunca se consideró víctima de las circunstancias, donde quiera que José se encontrara, servía fielmente a su Dios, invisible a sus ojos, pero siempre en control de todo. José es un ejemplo de servicio fiel impresionante. En la casa de su padre fue fiel, aunque le aborrecían sus hermanos; en la casa de Potifar fue fiel, aun siendo esclavo; en la cárcel, aun siendo prisionero por una acusación falsa, seguía sirviendo fielmente a su Dios; cuando asumió su posición en la corte de Faraón siguió siendo fiel. ¿No crees que tenemos mucho que aprender? Tito 2:9-10 dice: *"Exhorta a los siervos a que se sujeten a sus amos, que agraden en todo, que no sean respondones; no defraudando, sino mostrándose fieles en todo, para que en todo adornen la doctrina de Dios nuestro Salvador".*

Impresionante, y José no conocía esta Escritura. Glorioso es el Señor y lo que puede hacer con un fiel siervo rendido a sus pies. Finalmente un día, el tiempo de la prueba había terminado y, de esa cárcel donde se encontraba, José fue sacado por Dios. El tiempo había llegado y era hora para que ocupara el lugar que le correspondía y que nada ni nadie le podía quitar. José llegó a ocupar la posición más prominente en uno de los imperios más poderos del mundo. Pero eso no es lo más impresionante en la vida de este joven. Más impresionante es que José siguió siendo fiel a Dios y a su servicio aun cuando ahora estaba en la posición donde él pudo tomar ventaja. Tenía el poder y la capacidad para vengarse de todos los que le habían hecho mal. Era su oportunidad para vengarse, pero no lo hizo, reconoció que el juicio le correspondía a Dios. Esa es verdadera humildad y templanza de carácter. No se le subió el humo a la cabeza. Cuando llegó el momento, José se dio a conocer a sus hermanos, los mismos que le aborrecían y le habían vendido como esclavo. Génesis 45:4-5, dice: "4 Entonces dijo José a sus hermanos: Acercaos ahora a mí. Y ellos se acercaron. Y él dijo: Yo soy José vuestro hermano, el que vendisteis para Egipto. 5Ahora, pues, no os entristezcáis, ni os pese de haberme vendido acá; porque para preservación de vida me envió Dios delante de vosotros".

¿Qué hubiéramos dicho y hecho usted y yo en su lugar? José los perdonó porque los amaba en verdad. José, sin dudas, es un hombre de verdad, probado, decidido y valiente. Aprendamos a ser como José.

Moisés, el único hombre que habló con Dios cara a cara (Éxodo 2–Deuteronomio 34)

Moisés significa "sacado de las aguas" o "salvado de las aguas". Moisés vivió 120 años. La vida de este hombre de Dios, llamado Moisés, es un ejemplo más de cómo la presencia de Dios hace la diferencia en la vida de una persona, al grado que puede cambiar una generación. Su historia empieza desde Éxodo 2, y va hasta Deuteronomio 34. Moisés es el escritor de los cinco primeros libros de la Biblia, conocidos como el Pentateuco. Con solo decir eso es inmensa la grandeza de la revelación y la sabiduría que le fue dada a Moisés. La vida de Moisés puede dividirse así: cuarenta años en el palacio como príncipe de Egipto, cuarenta años como pastor de ovejas en el desierto y cuarenta años como líder de Israel. Moisés había oído de sus padres las promesas que Dios había hecho a Abraham. Pero, a los ochenta años tiene su primer encuentro con ese Dios del que había oído y del que conocía muy poco. Ese encuentro le cambio la vida completamente. Mientras Moisés se encontraba apacentando las ovejas de su suegro en el desierto, llegó hasta Horeb, monte de Dios, y lo llamó desde una zarza ardiendo y le dijo en Éxodo 3:10-14:

> [10] *Ven, por tanto, ahora, y te enviaré a Faraón, para que saques de Egipto a mi pueblo, los hijos de Israel.*
> [11] *Entonces Moisés respondió a Dios: ¿Quién soy yo para que vaya a Faraón, y saque de Egipto a los hijos de Israel?*
> [12] Y él respondió: Ve, porque yo estaré contigo; y esto te será

por señal de que yo te he enviado: cuando hayas sacado de Egipto al pueblo, serviréis a Dios sobre este monte.

13 Dijo Moisés a Dios: He aquí que llego yo a los hijos de Israel, y les digo: El Dios de vuestros padres me ha enviado a vosotros. Si ellos me preguntaren: ¿Cuál es su nombre?, ¿qué les responderé?

14 Y respondió Dios a Moisés: YO SOY EL QUE SOY. Y dijo: Así dirás a los hijos de Israel: YO SOY me envió a vosotros.

Moisés había oído de Dios, pero no lo conocía, y cuando Dios le habló por primera vez obviamente que no estaba seguro de cómo esto que Dios le estaba mandando a hacer sucedería. Moisés conocía bien el poder del Imperio egipcio, él mismo fue entrenado en lo mejor de Egipto. Y ahora, a sus ochenta años, Dios le pide que regrese a Egipto para liberar a su pueblo. "¿Que yo vaya y que libere a un pueblo esclavo de manos del imperio más poderoso sobre la tierra? ¿Quién soy yo?", le pregunta a Dios. "¿Acaso esto es una broma? Eso es imposible de hacer". Entonces Dios le dijo: "Ve, porque yo estaré contigo". Desde el momento de su llamado, Dios le prometió su presencia, de ahí en adelante la presencia de Dios fue indispensable en la vida y la misión de Moisés, siervo de Dios. Dios hizo milagros y maravillas por medio de Moisés y liberó a su pueblo como lo prometió. En Éxodo 33, Dios le da una mala noticia al pueblo de Israel, les dice que los introducirá en la tierra que él les prometió, pero que su presencia no iría con ellos, por cuanto eran un pueblo rebelde (Éxodo 33:3). Moisés, más que nadie, entendía perfectamente el problema, sin la presencia de Dios en su pueblo pronto perecerían, así que le dijo a Dios: "Si tu presencia no ha de ir conmigo no nos saques de aquí". Y Dios le respondió: *"Mi presencia irá contigo, y te daré descanso"* (Éxodo 33:14-15). Moisés había experimentado la presencia de Dios desde aquel encuentro en la zarza y sabía cuán importante era para el éxito en su vida y ministerio. Él es el único del cual se dice que cara a cara habló con Dios. Deuteronomio 34:10-12, dice:

> *¹⁰ Y nunca más se levantó profeta en Israel como Moisés, a quien haya conocido Jehová cara a cara;*
> *¹¹ nadie como él en todas las señales y prodigios que Jehová le envió a hacer en tierra de Egipto, a Faraón y a todos sus siervos y a toda su tierra,*
> *¹² y en el gran poder y en los hechos grandiosos y terribles que Moisés hizo a la vista de todo Israel.*

Si Dios mismo es el que da este testimonio de Moisés, es obvio que no hay nadie como Moisés que haya conocido y experimentado la presencia de Dios, al grado de que su rostro resplandecía de la gloria de Dios en su vida (Éxodo 34:29, 35). Ojalá que la gloria de Dios también pueda resplandecer en nosotros, entre más nos acercamos y conocemos su presencia.

David, un hombre conforme al corazón de Dios (1 Samuel 17:37–1 Reyes 2:10-11)

David significa "amado". David vivió 70 años. Este personaje entra en la lista de los héroes de la fe de Hebreos 11, así como muchos otros, que por el tiempo y el espacio no me es posible abordar. Sin duda, David es un hombre al cual la misma Biblia llama conforme al corazón de Dios (Hechos 13:22). David se hizo famoso por haber derrotado al gigante Goliat, pero, antes de esto, David ya había sido ungido como Rey de Israel después de que Saúl desobedeciera las ordenes de Dios (1 Samuel 16:1-13). Cuando David enfrentó a Goliat era joven y sin experiencia militar. Pero David tenía un arma secreta, que era más poderosa que cualquier experiencia militar. David había experimentado la poderosa presencia de Dios en su vida, estando en el desierto mientras cuidaba las ovejas de su padre (1 Samuel 17:34-37). Fue en este momento cuando Dios sacó a David del anonimato y fue conocido en Israel como un hombre valiente, pero lo que pocos sabían era la vida secreta de David (su comunión y amor por Dios). Mientras David pastoreaba las ovejas de su padre, pasaba tiempo en comunión con Dios y aprendió a depender de él. Al grado de que cuando llegó el momento para que Dios lo pusiera en la posición que tenía para él, David estaba preparado. Y pudo decir lo que está escrito en 1 Samuel 17:45-47:

[45] *Entonces dijo David al filisteo: Tú vienes a mí con espada y lanza y jabalina; mas yo vengo a ti en el nombre de Jehová de los ejércitos, el Dios de los escuadrones de Israel, a quien tú has provocado.*

[46] *Jehová te entregará hoy en mi mano, y yo te venceré, y te cortaré la cabeza, y daré hoy los cuerpos de los filisteos a las aves del cielo y a las bestias de la tierra; y toda la tierra sabrá que hay Dios en Israel.*

⁴⁷ Y sabrá toda esta congregación que Jehová no salva con espada y con lanza; porque de Jehová es la batalla, y él os entregará en nuestras manos.

Cómo es posible que un joven pudiera enfrentarse a un experimentado guerrero como Goliat, y que el resto del ejército de Israel, e incluso el Rey Saúl, no fueran capaces de hacerlo. La diferencia no la hizo la fuerza ni en las habilidades de David, sino la confianza que él tenía de la presencia de Dios. Él sabía lo cada uno de los siervos de Dios conocen: que el Señor es todopoderoso y está cerca de los que de todo corazón le buscan. Esto es de importancia ya que la mayoría, o podría decir todos los del ejército de Israel, sabían de Dios y se pudiese decir que creían en Dios, pero no tenían una relación cercana con Él, por lo tanto, no había esa confianza ni ese celo por Dios que mostró David.

Uno de los Salmos más conocidos escritos por David es el Salmo 23, en él revela el nivel de comunión y confianza que tenía en Dios. "Jehová es mi pastor y nada me faltará". David escribe desde su experiencia como pastor de ovejas, él pensó: si yo cuido de alimentar bien a mis ovejas, y si aun cuando están en peligro las protejo, cuánto más no lo hará Dios conmigo, si me pongo bajo su cuidado y dirección. Haz de Jehová *tu* pastor y serás *tú* su oveja, a la que nada le faltará.

Daniel, un hombre de convicciones firmes y fiel de corazón (Daniel 1-12)

Daniel significa "Dios es mi juez" o "justicia de Dios". Daniel vivió aproximadamente 85 años. Él, al igual que cualquier otro siervo de Dios, no estuvo exento del sufrimiento. Daniel fue un judío de la diáspora. Fue llevado cautivo junto a otros judíos por un ejército extranjero a Babilonia. Pero eso no fue impedimento para que él junto con otros tres jóvenes hebreos, que se mencionan en su libro, se mantuvieran fieles y firmes en su fe y convicciones. Es más, desde el momento en que fueron apresados llevaban también el propósito de corazón de servir a Dios, aun lejos de su tierra. Leemos en Daniel 1:8 lo siguiente: "Y Daniel propuso en su corazón no contaminarse con la porción de la comida del rey, ni con el vino que él bebía; pidió, por tanto, al jefe de los eunucos, que no se le obligase a contaminarse".

Con esto la historia y el ejemplo de Daniel y sus compañeros demuestra que cuando se tiene la disposición de obedecer a Dios no importan las circunstancias ni el lugar. Es posible ser fiel a Dios en cualquier lugar, porque Dios gobierna en toda la tierra.

Daniel sirvió en Babilonia a tres monarcas: Nabucodonosor, Belsasar y Darío, del imperio medo-persa. En el capítulo 6 de su libro, estando bajo el reinado de Darío, hombres perversos conspiraron contra Daniel por envidia. Daniel era destacado por la sabiduría con la cual Dios lo honró, pero también era destacado en su devoción, fidelidad y compromiso a su Dios. Oraba tres veces al día, todos los días, sin que hubiera ninguna falta ni vicio en este hombre de Dios. Quienes buscaban destruirlo tomaron ventaja de esto e hicieron que el rey promulgara un edicto en el cual por treinta días nadie podía invocar el nombre de ningún dios u hombre que no fuera el rey o sería echado al foso de los leones. Ante el peligro, Daniel no se inquietó, continuó haciendo lo mismo. Ese mismo día fue llevado ante el rey y esa misma noche fue echado al foso de los leones. Al rey mismo le pesó haber promulgado el edicto y haber echado a Daniel en el foso y le dijo: "El Dios tuyo, a quien tu continuamente sirves, él te libre" (Daniel 6:16). Lea lo que sucedió después, Daniel 6:19-23:

19 El rey, pues, se levantó muy de mañana, y fue apresuradamente al foso de los leones.

20 Y acercándose al foso llamó a voces a Daniel con voz triste, y le dijo: Daniel, siervo del Dios viviente, el Dios tuyo, a quien tú continuamente sirves, ¿te ha podido librar de los leones?

21 Entonces Daniel respondió al rey: ¡Oh!, rey, vive para siempre.

22 Mi Dios envió su ángel, el cual cerró la boca de los leones, para que no me hiciesen daño, porque ante él fui hallado inocente; y aun delante de ti, ¡oh!, rey, yo no he hecho nada malo.

23 Entonces se alegró el rey en gran manera a causa de él, y mandó sacar a Daniel del foso; y fue Daniel sacado del foso, y ninguna lesión se halló en él, porque había confiado en su Dios.

Daríole dijo: "Daniel *siervo del Dios viviente*". Efectivamente, el Dios de Daniel, el Dios de Israel es el Dios vivo y verdadero. Lo ha demostrado una y otra y otra vez. ¿Por qué no confiar en él? Los enemigos de Daniel fueron destruidos, fueron despedazados tan pronto como fueron echados al foso de los leones, porque conspiraron contra un hombre de Dios. Dios nunca deja solos a sus hijos, él es un buen Padre.

Todos estos hombres pudieron experimentar la presencia de Dios antes de la venida de Cristo. Ahora veamos qué sucedió en el Nuevo Testamento. Cuando Cristo vino a la tierra.

Jesús, Dios en forma de hombre, caminando en la tierra con los hombres

Esto es lo que Jesús prometió a sus discípulos. Antes de morir Jesús hizo está promesa en Juan 14:15-18, 26:

15 Si me amáis, guardad mis mandamientos.

*16 Y yo rogaré al Padre, y os dará **otro Consolador, para que esté con vosotros para siempre:***

*17 **el Espíritu de verdad**, al cual el mundo no puede recibir, porque no le ve, ni le conoce; pero vosotros le conocéis, porque mora con vosotros, y estará en vosotros.*

18 No os dejaré huérfanos; vendré a vosotros.

*26 Mas **el Consolador, el Espíritu Santo,** a quien el Padre enviará en mi nombre, él os enseñará todas las cosas, y os recordará todo lo que yo os he dicho.*

Juan 15:26:

*²⁶ Pero cuando venga el Consolador, a quien yo os enviaré del Padre, **el Espíritu de verdad**, el cual procede del Padre, él dará testimonio acerca de mí.*

Juan 16:13:

¹³ Pero cuando venga el Espíritu de verdad, él os guiará a toda la verdad; porque no hablará por su propia cuenta, sino que hablará todo lo que oyere, y os hará saber las cosas que habrán de venir.

Después de resucitar, Jesús volvió a prometer en Mateo 28:16-20:

¹⁶ Pero los once discípulos se fueron a Galilea, al monte donde Jesús les había ordenado.

¹⁷ Y cuando le vieron, le adoraron; pero algunos dudaban.

¹⁸ Y Jesús se acercó y les habló diciendo: Toda potestad me es dada en el cielo y en la tierra.

¹⁹ Por tanto, id, y haced discípulos a todas las naciones, bautizándolos en el nombre del Padre, y del Hijo, y del Espíritu Santo;

*²⁰ enseñándoles que guarden todas las cosas que os he mandado; y he aquí **yo estoy con vosotros todos los días, hasta el fin del mundo**. Amén.*

"Yo estoy con vosotros todos los días, hasta el fin del mundo". Quién puede prometer algo así, sino el único que puede cumplirla. *Es la misma promesa porque es el mismo Dios.*

Esta fue la promesa de Jesús: *Yo les enviaré el Consolador, el Espíritu de verdad, el Espíritu Santo el cual procede del Padre, para que esté con ustedes para siempre.*

Ahora, ¿cumplió Jesús su promesa? Por supuesto que sí. ¿Cuándo, cómo y dónde la cumplió? La cumplió cincuenta días después de resucitar. En el día de Pentecostés, esto fue lo que sucedió en Jerusalén, Hechos 2:1-4 dice:

> *¹ Cuando llegó el día de Pentecostés, estaban todos unánimes juntos.*
>
> *² Y de repente vino del cielo un estruendo como de un viento recio que soplaba, el cual llenó toda la casa donde estaban sentados;*
>
> *³ y se les aparecieron lenguas repartidas, como de fuego, asentándose sobre cada uno de ellos.*
>
> *⁴ **Y fueron todos llenos del Espíritu Santo,** y comenzaron a hablar en otras lenguas, según el Espíritu les daba que hablasen.*

Este es el evento que marcó la diferencia en la vida de los discípulos y de cada uno de sus seguidores. Los discípulos que estaban reunidos en el aposento alto, aquel día de Pentecostés, pasaron de estar amedrentados y escondidos, a estar dispuestos a morir por la causa de Jesús el que fue crucificado, pero que ahora, aunque no le veían, sabían que estaba entre ellos y en ellos. De ahora en adelante nada ni nadie, ni siquiera la muerte, les robaría el gozo y la convicción de saber que Jesús es el Cristo, el Hijo del Dios viviente. Por lo tanto, estuvieron dispuestos a salir de su escondite a proclamar el mensaje que habían recibido de Dios. Todo el Nuevo Testamento está lleno, historia tras historia, de cómo los discípulos de Jesús empezaron a proclamar por todas partes el mensaje del Evangelio, comenzando por Jerusalén, como se les había mandado.

Pedro, un pescador de hombres (Mateo 4:18-20; Hechos 3:6, 12-13)

Pedro, en hebreo su nombre es Simón y significa *"El que ha escuchado a Dios"*; y en griego, Pedro significa "roca". Pedro era un pescador de Galilea, hasta que Jesús lo llamó y le prometió que sería pescador de hombres. Estuvo dispuesto a aceptar el llamado de Jesús y comenzó su caminar con Dios. Ya en el libro de los Hechos de los Apóstoles, Pedro figura como el líder de la iglesia en Jerusalén.

Un día Pedro y Juan subieron juntos al templo a orar. En ese lugar había un hombre cojo de nacimiento, quien les pidió limosna, esto fue lo que Pedro le dio:

> [6] Mas Pedro dijo: No tengo plata ni oro, pero lo que tengo te doy; en el nombre de Jesucristo de Nazaret, levántate y anda.
>
> [12] Viendo esto Pedro, respondió al pueblo: Varones israelitas, ¿por qué os maravilláis de esto? ¿o por qué ponéis los ojos en nosotros, como si por nuestro poder o piedad hubiésemos hecho andar a éste?

[36]https://es.wikipedia.org/wiki/Simón

¹³ El Dios de Abraham, de Isaac y de Jacob, el Dios de nuestros padres, ha glorificado a su Hijo Jesús, a quien vosotros entregasteis y negasteis delante de Pilato, cuando éste había resuelto ponerle en libertad.

Pedro dijo que él no podía dar lo que no tenía, pero lo que tenía lo podía dar. No tengo oro, ni tengo plata, dijo el apóstol, entonces, ¿qué era lo que tenía? (No eran cacahuates). Pedro tenía lo que acababa de recibir junto con otras 120 personas en el aposento alto. Todos recibieron y fueron llenos del poder del Espíritu Santo, la misma presencia y poder del Dios viviente era la que moraba en ellos. Pedro estaba lleno de Dios y eso era lo que estaba dando a un hombre necesitado. Cuando se les cuestionó con qué potestad y en qué nombre habían hecho esto, su respuesta fue, según Hechos 4:8-12:

⁸ *Entonces Pedro, lleno del Espíritu Santo, les dijo: Gobernantes del pueblo, y ancianos de Israel:*

⁹ *Puesto que hoy se nos interroga acerca del beneficio hecho a un hombre enfermo, de qué manera éste haya sido sanado,*

¹⁰ *sea notorio a todos vosotros, y a todo el pueblo de Israel, que en el nombre de Jesucristo de Nazaret, a quien vosotros crucificasteis y a quien Dios resucitó de los muertos, por él este hombre está en vuestra presencia sano.*

¹¹ *Este Jesús es la piedra reprobada por vosotros los edificadores, la cual ha venido a ser cabeza del ángulo.*

¹² *Y en ningún otro hay salvación; porque no hay otro nombre bajo el cielo, dado a los hombres, en que podamos ser salvos.*

Pedro estaba lleno de la presencia de Dios.

Pablo, apóstol a los gentiles y un misionero de Dios (Hechos 9:1-19; 13:1-3)

Su nombre en hebreo es Saulo y en hebreo significa "Aquel que ha sido pedido por Dios"[37] El nombre Pablo deriva del adjetivo latino paulus, que significa "pequeño u hombre de humildad".[38] Este hombre pequeño y humilde de corazón sería grandemente usado por Dios para extender su reino sobre todo en el mundo gentil (pueblos no judíos). Aunque no fue un discípulo que caminó y recibió directamente las enseñanzas de Jesús como los demás apóstoles. Pablo presenció una aparición de Cristo (Cristofanía). Jesús se le reveló camino a Damasco (Hechos 9:1-19). Pablo tenía amor y compasión por los perdidos y fue un apóstol incansable, tenía hambre de predicar el Evangelio de Jesús en todas partes que iba. Pablo, sin duda, es un ejemplo de lo que un verdadero siervo de Dios es y debe ser. En su segundo viaje misionero, estando en la ciudad de Corinto, enfrento mucha oposición de los judíos, pero Dios le dijo estas palabras de aliento. Hechos 18:9-10:

> *⁹ Entonces el Señor dijo a Pablo en visión de noche: No temas, sino habla, y no calles;*
>
> *¹⁰ porque yo estoy contigo, y ninguno pondrá sobre ti la mano para hacerte mal, porque yo tengo mucho pueblo en*

[37]https://elsignificadode.net/saulo-nombre/
[38]https://es.wikipedia.org/wiki/Pablo_(nombre)

esta ciudad.

Que maravillosas palabras. Una vez tras otra, la promesa de la presencia de Dios desde Génesis hasta Apocalipsis. *Desde el principio de la creación hasta el último día de existencia de esta tierra y aún mas allá por toda la eternidad. Perpetuamente y para siempre seguirá estando aquí la poderosa presencia del Dios creador, redentor y solo soberano, amén.*

Ahora, ¿qué tiene que ver esto conmigo?, ¿en qué me beneficia saber sus historias? Mucho y en gran manera, Romanos 10:17 dice: "Así que la fe es por el oír, y el oír, por la palabra de Dios".

Tu fe ha crecido, por haber escuchado o leído la Palabra de Dios, síguelo haciendo, no te quedes hasta aquí. Ahora que has empezado, sigue tocando, llamando, buscando y pronto encontrarás la respuesta que has estado esperando. Necesitamos recordar que Dios prometió su presencia siempre. Podemos estar seguros de esto: *Dios está presente aun cuando no veamos o sintamos que él no está ahí.* Es una verdad que debemos aceptar por la fe. Él no prometió que siempre veríamos o sentiríamos su presencia. Lo que sí prometió es que siempre estaría con nosotros, esa es su promesa y podemos contar con ello. Los ejemplos que hemos considerado son testimonios reales. Historia tras historia, en diferentes épocas y edades, circunstancias muy variadas, sin importar lo difíciles que fueran. Algo siempre se mantuvo firme y constante: *La fidelidad de la presencia de Dios en las vidas de los que confiaron en él.* Aprendamos esto, Dios no impidió que sus siervos sufrieran, ni que pasaran situaciones adversas y difíciles. Muchos o todos los siervos de Dios fueron despreciados, golpeados, humillados, maltratados (Hebreos 11:32-40). Pero, en medio de esas circunstancias y sufrimientos, ellos pudieron ver la fidelidad de Dios. El Salmo 34:4-8, dice:

> ⁴ *Busqué a Jehová, y él me oyó,*
> *Y me libró de todos mis temores.*
> ⁵ *Los que miraron a él fueron alumbrados,*
> *Y sus rostros no fueron avergonzados.*
> ⁶ *Este pobre clamó, y le oyó Jehová,*
> *Y lo libró de todas sus angustias.*
> ⁷ *El ángel de Jehová acampa alrededor de los que le temen,*
> *Y los defiende.*
> ⁸ *Gustad, y ved que es bueno Jehová;*
> *Dichoso el hombre que confía en él.*

Perpetuamente y para siempre
seguirá estando aquí la poderosa
presencia del Dios creador,
redentor y solo soberano, amén.

En conclusión, nunca desamparó Dios a los que creyeron en él. Cada uno de estos ejemplos, y muchísimos más que no pude mencionar aquí, son reales, pero espero que tú mismo te tomes el tiempo y puedas estudiar tu Biblia. Estas promesas también son para ti, acéptalas por la fe, acércate a Dios por medio de Jesús. Déjate amar por Dios, no te resistas. La presencia de Dios ha sido, es y será para todas las generaciones. La clave para salir vencedores en cada etapa de la vida es ser conscientes de su presencia y saber que no estás solo. Cada uno de nosotros en nuestra generación tenemos un propósito y una misión que cumplir. Solo lo lograremos si dependemos y creemos que su presencia es real y verdadera en nosotros, de lo contrario fracasaremos.

La vida del hombre sobre la tierra es dura y es aún más si la vive solo con sus fuerzas y en su entendimiento. Hemos visto que no fue la intención de Dios que esto fuera así. Fue nuestra desobediencia y pecado lo que provocó el caos y la destrucción en nuestras vidas. No podemos tener éxito alejados de Dios. Pero, gracias a él no tiene que ser así, podemos cambiar nuestro destino si aceptamos la ayuda de Dios y el regalo de Su Salvación. Hoy es un buen día para empezar de nuevo. Hoy es un buen día para regresar a la comunión con Dios. No te detengas. Vuelve a la Casa del Padre hoy. Ya no camines solo/a, camina con Dios. Amén.

Camina con Dios y Dios caminará contigo. Él es la persona más importante del mundo que pudieras llegar a conocer. Lo más importante es que está interesado en ti, en que tú le conozcas, está disponible acércate a él. No lo ignores, construye una relación con él hoy mismo y te aseguro bendecirá tu vida como nadie más.

La presencia de Dios es la promesa más grande y la bendición más grande que un hombre pueda recibir, he aquí algunos ejemplos:

A Abraham se le fue dicho:

Génesis 15:1

Después de estas cosas vino la palabra de Jehová a Abram en visión, diciendo: No temas, Abram; yo soy tu escudo, y tu galardón será sobremanera grande."

Génesis 21:22

Aconteció en aquel mismo tiempo que habló Abimelec, y Ficol príncipe de su ejército, a Abraham, diciendo: Dios está contigo en todo cuanto haces.

A Isaac, Dios le dijo:

Génesis 26:24

Y se le apareció Jehová aquella noche, y le dijo: Yo soy el Dios de Abraham tu padre; no temas, porque yo estoy contigo, y te bendeciré, y multiplicaré tu descendencia por amor de Abraham mi siervo.

A Jacob, Dios le prometió:

Génesis 28:15

He aquí, yo estoy contigo, y te guardaré por dondequiera que fueres, y volveré a traerte a esta tierra; porque no te dejaré hasta que haya hecho lo que te he dicho.

A Moisés, le prometió Dios:

Éxodo 3:12

Y él respondió: Ve, porque yo estaré contigo; y esto te será por señal de que yo te he enviado: cuando hayas sacado de Egipto al pueblo, serviréis a Dios sobre este monte.

Éxodo 33:14

Y él dijo: Mi presencia irá contigo, y te daré descanso.

A Josué, le mando Dios:

Josué 1:9

Mira que te mando que te esfuerces y seas valiente; no temas ni desmayes, porque Jehová tu Dios estará contigo en dondequiera que vayas.

A Gedeón, le dijo el ángel:

Jueces 6:12

Y el ángel de Jehová se le apareció, y le dijo: Jehová está contigo, varón esforzado y valiente.

A María, el ángel le dijo:

Lucas 1: 28

Y entrando el ángel en donde ella estaba, dijo: !Salve, muy favorecida! El Señor es contigo; bendita tú entre las mujeres.

Así que la fe es por el oír, y el oír, por la palabra de Dios".

(Romanos 10:17)

Lee la Biblia y tu fe crecerá. Es una promesa de Dios, créela y vívela.

Apéndice

¿Y AHORA QUÉ?
¿Cómo sé si soy salvo o no?

Esto es lo que la Biblia enseña:

Romanos 10:8-11 (Nueva Biblia Viva):

> 8 *Más bien, nosotros predicamos el mensaje de fe que la Escritura enseña:*
> *"El mensaje está a tu alcance, en tu boca y en tu corazón".*
> ⁹ *Si **declaras con tu boca** que Jesús es el Señor y **crees de corazón** que Dios lo levantó de entre los muertos, **Dios te salvará**.* ¹⁰ *Porque a quien cree de corazón, Dios lo da por justo; y a quien reconoce a Jesús, Dios lo salva.*
> ¹¹ *Pues las Escrituras afirman que "los que creen en Cristo jamás serán defraudados".*

Si has recibido a Cristo Jesús en tu corazón, como tu Salvador personal por la fe, y te has arrepentido de tus pecados, eres salvo; si no, no lo eres. Aquí te diré cómo puedes ser salvo por la gracia de Dios, si aún no lo eres.

¿Qué debes hacer si aún no eres salvo? Acepta la invitación que Dios te hace. A lo largo de este escrito he incluido varias oraciones de arrepentimiento que pudiste haber repetido para ser salvo. Si lo hiciste ya eres salvo, ¡Gloria a Dios! Aun cuando no hayas experimentado nada. Si lo hiciste creyendo en tu corazón lo que leíste y dijiste, Dios te ha escuchado y te ha salvado. Cuando yo acepté y me bauticé en realidad no sentí nada especial. La salvación no se trata de sentimientos sino de convicciones. Así que, si recibiste a Cristo, por fe eres salvo. Los cambios y las experiencias las notarás a medida que creces en el conocimiento de Dios, conforme lees las Escrituras. Si no has hecho la oración de arrepentimiento, hazla ahora:

Oración de arrepentimiento

Señor, Dios de toda la creación, hoy reconozco que he pecado contra ti, te pido que me perdones por toda mi maldad, me arrepiento de haberme apartado de ti y haber escogido el mal. Te abro la puerta de mi corazón para que entres y me cambies de adentro hacia fuera. Renuévame con tu Espíritu Santo, hazme una nueva criatura. Concédeme la vida eterna por el mérito de tu Hijo Jesucristo, quien murió y pagó el precio por mis pecados. Te confieso como mi único y suficiente Salvador. Límpiame con tu sangre. Escribe mi nombre en el libro de la Vida del Cordero. Y ahora que me has salvado, permíteme crecer en el conocimiento de la verdad a través de tu palabra. Usa mi vida como un instrumento de tu paz. Todo esto te lo pido en el nombre de tu Hijo, Jesús. Amén. Gracias por permitirme disfrutar de tu presencia y tu Paz.

Aprovecha este momento para confesar algún pecado o vicio específico que estás dispuesto a renunciar y del cual quieras ser liberado. Pídele ayuda al Señor y él te ayudará.

Si has hecho está oración por primera vez en tu vida, ¡felicidades y bienvenido a la familia de Dios! Sí, así es, somos familia (tú eres mi hermano/a) sin importar tu raza, color o nacionalidad. Juan 1:12, dice: "Mas, a todos los que le recibieron, a los que creen en su nombre, les dio potestad de ser hechos hijos de Dios".

Te invito a que me escribas y me dejes saber de tu decisión de seguir a Cristo y una ves más, ¡bienvenido a la familia de Dios! Estaremos orando por ti. La página web para que escribas es: www.oscartacuba.com

Por haber recibido la invitación de Dios y haber creído en Jesús, ahora eres hijo de Dios y yo también, así que somos hermanos.

¿Qué debes hacer ahora que eres salvo?

Has nacido de nuevo (Juan 3:1-7). Eres una nueva criatura (2 Cor 5:17). Dios te ha dado una vida totalmente nueva, como si nunca hubieras pecado. Así es, hoy ha iniciado un proceso de transformación. La salvación es un regalo de Dios y se recibe por la fe en Jesús. El crecimiento y la madurez espiritual son procesos y tomarán tiempo. Pero es necesario ser intencional en esto, debes seguir ciertos pasos para que suceda, de lo contrario no sucederá. Dios estableció su Iglesia con el propósito de ayudarte a crecer. Ahora permíteme explicarte cuáles son los pasos que debes seguir:

1. *Bautízate en el nombre de Jesús* (Marcos 1:4; Hechos 19:4).

2. *Empieza a leer tu Biblia diariamente* (Mateo 4:4;1 Pedro 2:1-2)

Necesitas alimentarte espiritualmente. Recuerda, ahora eres una nueva criatura.

3. *Ora a Dios diariamente* (Mateo 7:7-12)

Orar es hablar con Dios. Es muy probable que no sepas, pero puedes aprender.

4. *Necesitas una familia* (Hebreos 10:23-25).

La iglesia es tu nueva familia, esto no quiere decir que tendrás que dejar a tu familia sanguínea, sino que has ganado una familia más numerosa. Ahora, millones de creyentes en el mundo entero somos tus hermanos y tú eres el nuestro. Busca una iglesia donde se predique, enseñe y viva la Palabra de Dios. No estás solo/a perteneces a la gran familia de Dios.

5. *Comparte tu fe con otros* (1 Pedro 2:9)

Habla de tu experiencia de salvación que has tenido con otras personas (familiares, amigos, compañeros del trabajo, vecinos o con cualquier persona que puedas).

6. *Sirve a Dios con amor* (Colosenses 3:23)

Tú tienes una función especial que cumplir en la iglesia del Señor. Descubre tus dones, desarróllalos y úsalos para el beneficio de otros y para la gloria de Dios.

7. *Administra bien los recursos que Dios te ha dado* (1 Pedro 4:10-11)

Haz un buen uso de tu tiempo, talento y tesoros que Dios te ha dado. Sobre todo, usa bien tu tiempo. Debes saber que nuestro tiempo es limitado aquí en la tierra, no lo desperdicies.

Consejos prácticos para sacar mejor provecho de tu lectura bíblica

¿Quieres leer la Biblia, pero sientes o piensas que no puedes? ¿Muchas veces has leído y no has entendido? Bien, quiero decirte que no eres la única persona que tiene problemas con esto. ¿Te has preguntado por qué unos entienden y yo no? La Biblia es un libro espiritual y se ha de discernir espiritualmente. Eso no quiere decir que tú no puedas entenderla, porque ahora ya has nacido de nuevo. La única razón por la cual unos entendemos más que otros, es porque llevamos más tiempo estudiando que otros o somos más dedicados que otros. Pero tú también podrás entenderla y te gozarás cuando eso suceda. Dios nos dejó su Palabra escrita para nuestro provecho espiritual y para que la entendiéramos. Él nunca planeó que su mensaje fuera difícil de comprender. Pero ten paciencia porque te tomará un poco de tiempo y esfuerzo. Se requiere de un buen hábito y disciplina, de una actitud humilde y reverencia, si queremos entender (1 Pe 2:2; 1 Co 3:1-3). Quiero compartir estos consejos que me han servido en mi estudio bíblico personal y espero te sean útiles también a ti.

1. *Ora* (Jeremías 33:3)

Es necesario empezar tu lectura con oración. Recuerda, la Biblia es la palabra de Dios, fue inspirada por su Espíritu Santo. Ese Espíritu, que inspiró a los escritores sagrados, es el mismo que se revela en la mente de los lectores u oidores, o sea tú y yo. Así que ora con sencillez. Puedes decir: Señor ayúdame a entender tu Palabra, ilumina mi entendimiento para comprender lo que voy a leer ahora, en el nombre de Jesús, amén.

2. *Lee* (Romanos 10:17)

Sin leer, no podremos conocer. Tres excusas muy comunes por las cuales muchos no leen la Biblia son: **1. No tengo tiempo.** No tienes tiempo porque nunca antes te lo habías propuesto, pon la meta y lo tendrás. Recuerda, tienen que ser intencional. **2. No sé cómo leerla.** Acércate a alguien en la iglesia que te pueda ayudar y dar consejos en esto. Hay muchos recursos en línea que te pueden servir. Busca y encontrarás. **3. No la entiendo.** No la entiendes porque nunca la has leído; cuando la empieces a leer, la entenderás. Estoy seguro de eso, porque así sucedió conmigo. Hace 20 años yo no sabía nada de la Biblia, por lo tanto, sabía poco de Dios; ahora, por su gracia, sé un poco más.

3. *Estudia* (Deuteronomio 6:4-9)

El estudio requiere de tiempo, no se puede estudiar bien una materia en una semana, en un mes, ni en un año. Así, también te tomará tiempo conocer las profundidades de Dios y su Palabra, ten paciencia, estudia una, otra y otra vez.

4. *Medita* (Josué 1:8)

Cuando Dios nos exhorta a meditar en su Palabra, no quiere decir que debes poner tu mente en blanco, sino más bien que debes pensar y reflexionar en lo que estás leyendo. Lee con la intención de comprender lo que lees, pon el sentido en ello (Nehemías 8:8). Déjate absorber y sumérgete en las profundidades de la Palabra de Dios. Las preguntas nos ayudan a comprender mejor cuando leemos. Cuando leas la Biblia puedes hacer preguntas como estas: ¿Hay alguna promesa que reclamar? ¿Hay algún pecado que evitar? ¿Hay un mandamiento que obedecer? ¿Hay algún ejemplo que deba seguir o evitar? ¿Hay alguna advertencia? Piensa en lo que estás leyendo.

5. *Memoriza* (Salmo 119:11; Proverbios 7:1-3)

El retener la Palabra escrita es importante, te ayudará cuando más lo necesites. Somos prontos para olvidar lo que leemos. Todos podemos memorizar, para unos será más fácil que para otros, puesto que tenemos diferentes capacidades, pero si nos esforzamos podremos lograrlo. Repite las veces que sea necesario un texto hasta que lo aprendas. Recuerda: la repetición es la clave del aprendizaje.

6. *Aplica* (Proverbios 22:17; 23:12)

Esta es la parte más importante de tu estudio bíblico. Leemos la biblia no solo para ser informados, sino para ser transformados. Es aquí donde debes contestar a la pregunta ¿Qué tiene que ver conmigo?

¿Cómo estás usando tu tiempo?

Quiero compartir contigo esto, porque lo considero de suma importancia. Anteriormente mencioné que la salvación es un regalo de Dios y lo es, pero una vez que eres salvo necesitarás crecer y madurar espiritualmente. Ahora, el crecimiento y la madurez espiritual es intencional. Esto quiere decir que, si tú no te determinas a hacerlo, no sucederá naturalmente o por casualidad. No me mal entiendas, sé que has oído o leído que el crecimiento lo da el Señor, no estoy contradiciendo eso, lo entiendo y sé que es así. Pero, a pesar de que Dios quiere que todos crezcamos, lo cierto es que no todos crecemos como cristianos. ¿Por qué? Porque no todos estamos dispuestos a crecer. Para crecer se necesita estar dispuesto a obedecer. Si no obedeces a Dios en lo que él te manda, jamás crecerás. Es por eso que vemos muchos creyentes en nuestras iglesias que llevan años de estar ahí, pero no son maduros en su fe, sus acciones y actitudes lo revelan. Lamentablemente muchos creyentes viven ignorando esto y, como consecuencia, en sus vidas no hay cambios, ni revelan que haya sucedido una verdadera transformación. Hay muchos cristianos inmaduros en las iglesias que, por su inmadurez y falta de crecimiento espiritual, hacen tropezar a otros. El Señor necesita de tu disposición y cooperación en esto. No podrás crecer en la fe si no estás dispuesto a obedecer a Dios y hacer a un lado tu holgazanería. Esto es lo que el apóstol Pedro escribió en 2 Pedro 1:5-15:

> [3] Como todas las cosas que pertenecen a la vida y a la piedad nos han sido dadas por su divino poder, mediante el conocimiento de aquel que nos llamó por su gloria y excelencia, [4] por medio de las cuales nos ha dado preciosas y grandísimas promesas, para que por ellas llegaseis a ser participantes de la naturaleza divina, habiendo huido de la corrupción que hay en el mundo a causa de la concupiscencia; [5] *vosotros también, poniendo toda diligencia por esto mismo, añadid a vuestra fe virtud;* a la virtud, conocimiento; [6] al conocimiento, dominio propio; al dominio propio, paciencia; a la paciencia, piedad; [7] a la piedad, afecto fraternal; y al afecto fraternal, amor. [8] Porque si estas cosas están en vosotros, y abundan, no os dejarán estar ociosos ni sin fruto en cuanto al conocimiento de nuestro Señor Jesucristo. [9] Pero el que no tiene estas cosas tiene la vista muy corta; es ciego, habiendo olvidado la purificación de sus antiguos pecados. [10] Por lo cual, hermanos, tanto más procurad hacer firme vuestra vocación y elección; porque haciendo estas cosas, no caeréis jamás. [11] Porque de esta manera os será otorgada amplia y generosa entrada en el reino eterno de nuestro Señor y Salvador Jesucristo. [12] Por esto, yo no dejaré de recordaros siempre estas cosas, aunque vosotros las sepáis, y estéis confirmados en la verdad presente. [13]

Pues tengo por justo, en tanto que estoy en este cuerpo, el despertaros con amonestación; [14] sabiendo que en breve debo abandonar el cuerpo, como nuestro Señor Jesucristo me ha declarado. [15] También yo procuraré con diligencia que después de mi partida vosotros podáis en todo momento tener memoria de estas cosas.

El texto es claro, no necesita de mucha explicación. Nuestro crecimiento y madurez espiritual vendrá cuando seamos *diligentes en buscar a Dios* a través de su Palabra. Considera ahora la exhortación que el apóstol Pablo hace en Efesios 5:15-20 a todos los creyentes:

[15] *Mirad, pues, con diligencia cómo andéis, no como necios sino como sabios,*
[16] *aprovechando bien el tiempo, porque los días son malos.*
[17] *Por tanto, no seáis insensatos, sino entendidos de cuál sea la voluntad del Señor.* [18] *No os embriaguéis con vino, en lo cual hay disolución; antes bien sed llenos del Espíritu,* [19] *hablando entre vosotros con salmos, con himnos y cánticos espirituales, cantando y alabando al Señor en vuestros corazones;* [20] *dando siempre gracias por todo al Dios y Padre, en el nombre de nuestro Señor Jesucristo.*

Pablo usa palabras como "diligencia", "aprovechar bien el tiempo", "ser entendidos de la voluntad del Señor", "no embriagarnos", "que nos llenemos del Espíritu", "que cantemos y alabemos al Señor en nuestros corazones", "que demos gracias por todo a nuestro Dios y Padre en el nombre de nuestro Señor

Jesús". Cada una de estas son acciones que nosotros debemos decidir hacer, si no lo decides, no sucederá. ¿Por qué? Porque nadie sirve ni adora a Dios espontáneamente. Si tú no lo haces, entonces será todo lo contrario: si no eres diligente, serás negligente; si no aprovechas bien el tiempo, lo desperdiciarás. Si no entiendes la voluntad de Dios, entonces serás insensato. Si no te llenas del Espíritu diariamente, entonces el mundo te embriagará con sus afanes y vicios. Si no alabas al Señor con gozo, andarás triste y apagado, afligido por el estrés de la vida; y si no eres agradecido, serás desagradecido. Es tu decisión, Dios quiere que tú le conozcas y seas colmado de la plenitud de la deidad, pero depende de ti cuánto quieres conocerle.

Te vuelvo a hacer la pregunta: ¿Cómo estás usando tu tiempo? Dios, a través del apóstol Pablo, nos exhorta a aprovecharlo bien. Muchos con arrogancia dicen "es mi vida y yo hago con mi tiempo lo que yo quiero"; es verdad, nadie niega que es tu tiempo. Cuando hablo de esto no es con el propósito de juzgar a nadie, sino con el propósito de ayudar a que reflexionen sobre este importante tema. Un día cada uno de nosotros tendremos que dar cuenta de lo que se nos confió: tiempo, tesoros y talentos. Si no eres cuidadoso, perderás lo más valioso que tienes, tu tiempo y la oportunidad de invertir tu vida en lo mejor. Es fácil perder el tiempo, especialmente en una cultura consumista como en la que vivimos. En la sociedad moderna en que estamos, las distracciones, entretenimientos, ocupaciones, diversiones, ocio y vicios aumentan más y más con cada día que pasa. La televisión no nos da tregua. Semanas antes de que acabe un programa ya te están mostrando dos o tres, haciendo fila para ocupar el lugar. Y si no estás despierto, tu vida se te va como agua entre los dedos. Es una tragedia grande mirar a personas que llegan a la vejez y no saben ni por qué ni para qué vivieron. Y se preguntan: ¿qué es lo que he hecho de mi vida? Si cuando Pablo escribió esta carta a los Efesios dijo que los tiempos eran malos, ahora podemos decir que son malísimos. Así es, los días que estamos viviendo son malos y peligrosos. Hace unas décadas todavía se encontraban ciudades tranquilas y seguras en varios países del mundo, hoy no encuentras una.

Si no tomas control de tu vida y de tu tiempo, alguien más lo hará. Un día que se pierde, jamás vuelve a recuperarse, por lo tanto, es importante que lo aproveches al máximo. Diligencia, es una palabra no muy querida. Por naturaleza somos poco esforzados. Nos gusta el entretenimiento, preferimos las cosas fáciles. Algo que no cueste mucho trabajo o esfuerzo de nuestra parte. Pero, para mantener una vida espiritual saludable, se requiere disciplina. Edificar cuesta trabajo, esfuerzo y recursos, y toma tiempo. Destruir no cuesta nada y cualquiera lo puede hacer. Construye tu vida, no la destruyas, es mi consejo. Es mi oración por ti, que aprendas a vivir sabiamente, aprovechando bien el tiempo que Dios te ha dado. Amén.

[1]Por lo tanto, amados hermanos, les ruego que entreguen su cuerpo a Dios por todo lo que él ha hecho a favor de ustedes. Que sea un sacrificio vivo y santo, la clase de sacrificio que a él le agrada. Esa es la verdadera forma de adorarlo. [2] No imiten las conductas ni las costumbres de este mundo, más bien dejen

que Dios los transforme en personas nuevas al cambiarles la manera de pensar. Entonces aprenderán a conocer la voluntad de Dios para ustedes, la cual es buena, agradable y perfecta. (Romanos 12:1-2 NTV)